日本の遺跡31

志波城・徳丹城跡

西野　修　著

同成社

志波城跡全景

復元された志波城の官衙建物

志波城跡の外郭南門

（整備後の復元建物）

（発掘調査時）

徳丹城跡の外郭線丸太材木列とそれを跨ぐ櫓跡

（整備後の遺構表示・外郭南西隅）

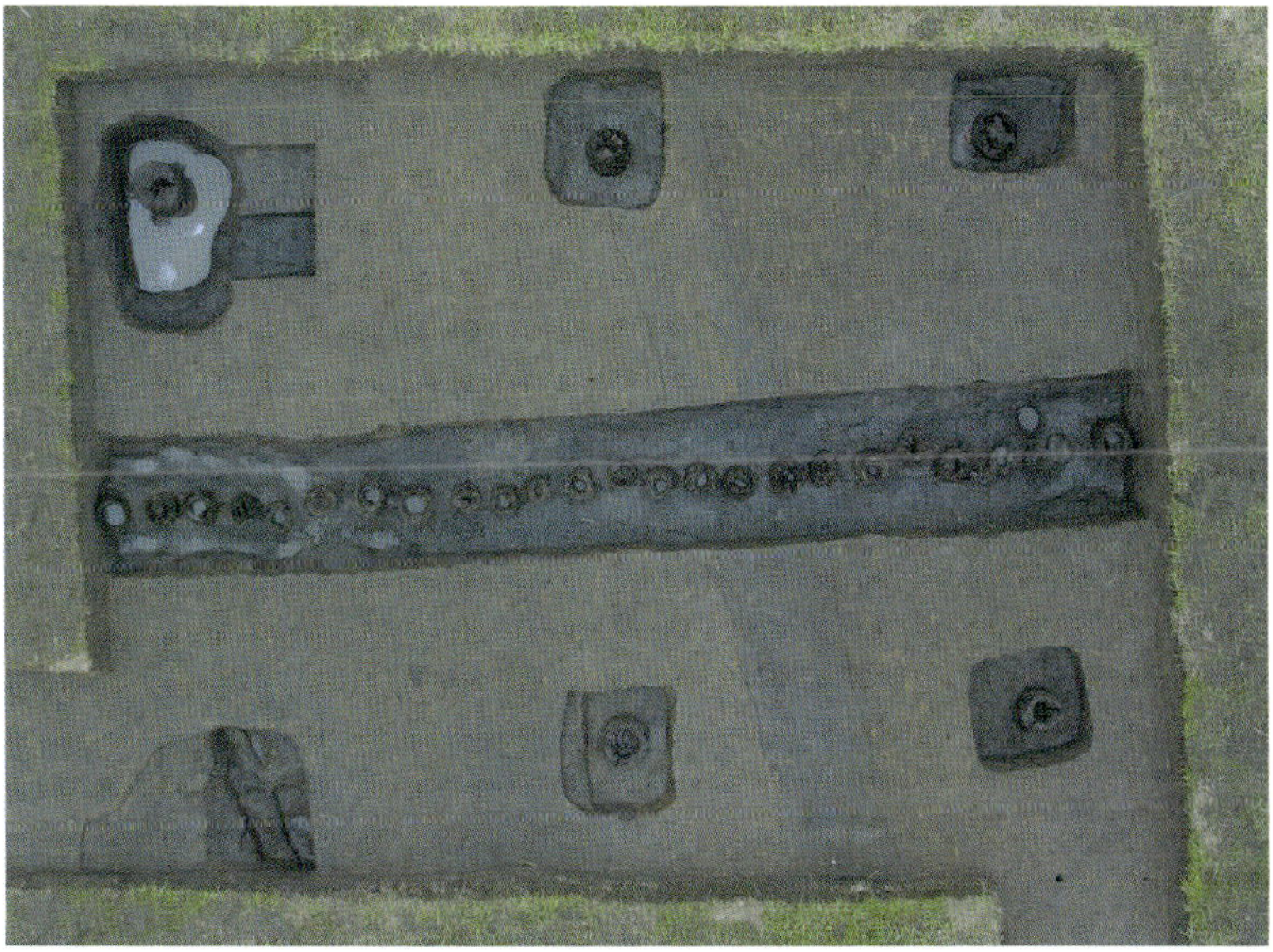

（南外郭線の発掘調査時）

「別将」と書かれた墨書土器
（城外館畑遺跡出土）

日本で初めて出土した木製冑（右）とその出土状況（右上、徳丹城跡出土）

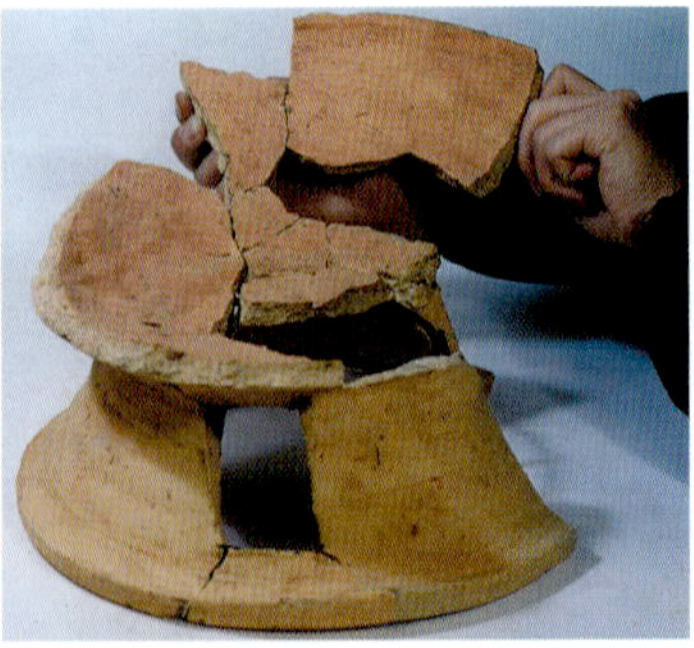

三方透かし高盤（城外館畑遺跡出土）

風字硯と円面硯（志波城跡出土）

目　次

カバー写真　復元された志波城外郭南門
装丁　吉永聖児

志波城・徳丹城跡

I　以て蝦夷に備える

1　城柵とは？　蝦夷とは？

六国史《りっこくし》などの正史によると、現在の新潟県北部から山形県、秋田県、そして宮城県、岩手県に相当する地域に、「城」「柵」と記される施設がある。「城柵《じょうさく》」とよばれるそれらは、古代日本の律令制下、国家が行った辺境支配にかかわる軍事・行政上の拠点だった。当時、太平洋側を都から延びる東山道の奥という意味で「道奥《みちのおく》」、日本海側は「出羽《いでわ》」とよばれ、古代国家の支配領域の周縁部にあって王化《おうか》しない地とされた。そこに住まう人びとは「蝦夷《えみし》」と蔑称されていたが、もちろんこれは国家側の一方的な認識であり、この地の人びとが自らをそのように名乗ったわけではない。ただし、自称は不明である。

この「蝦夷」とは、もとは「毛人」と表記した。これに漢民族が古来もちつづけてきた華夷《かい》思想の「夷《い》」「狄《てき》」、つまり自らを中心に据えて異民族を四夷《しい》（北狄《ほくてき》・南蛮《なんばん》・西戎《せいじゅう》・東夷《とうい》）として扱う考えと、ガマガエルとかエビのように身を屈めて跳ねる意の「蝦」が結びつき、七世紀半ば頃政

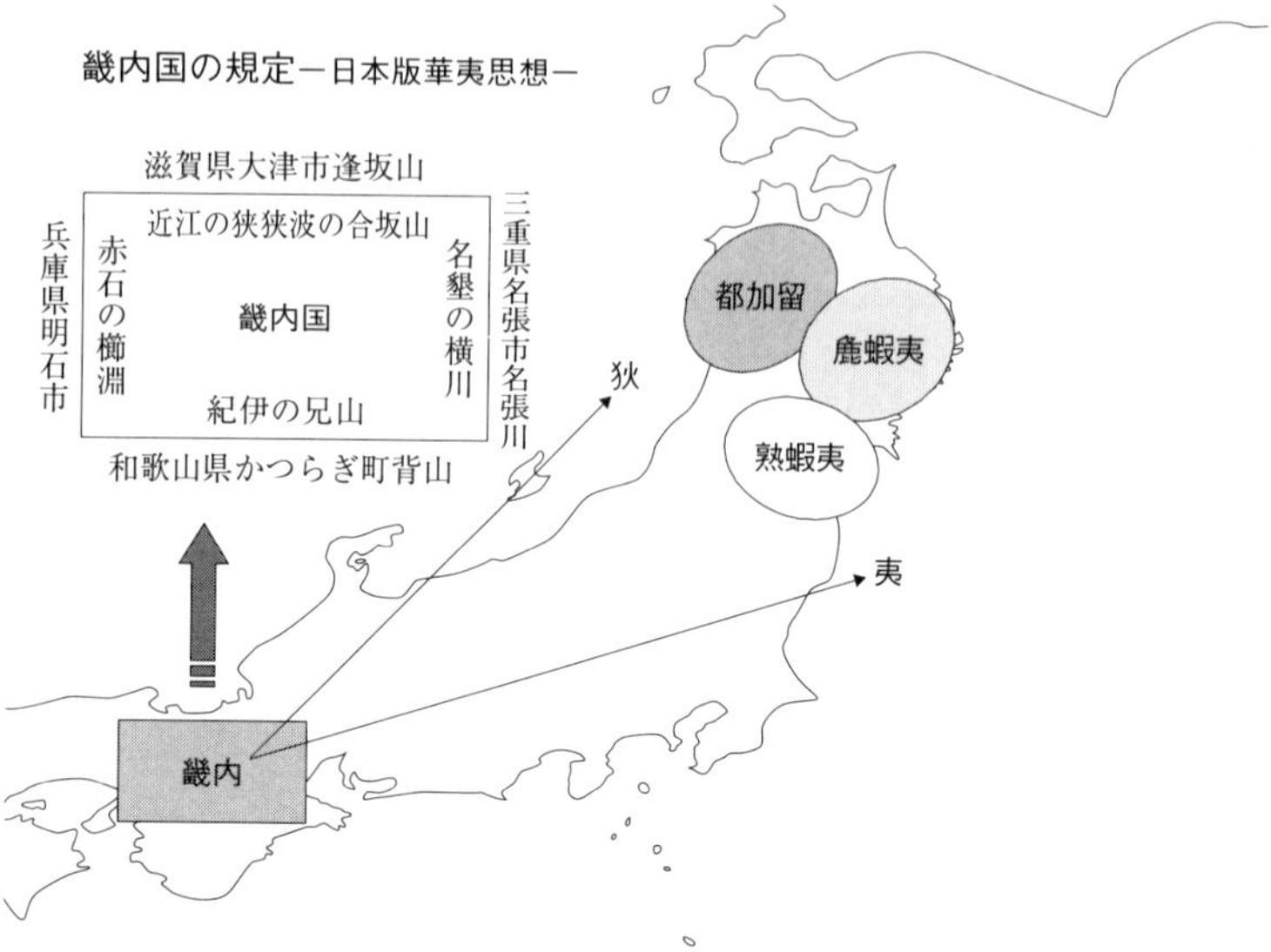

図１　畿内と蝦夷の概念

治的な概念としてわが国で成立した造語である。

『日本書紀』大化二（六四六）年正月甲子朔条の「改新《かいしん》の詔《みことのり》」には「凡《およ》そ畿内は、東は名墾《なはり》の横川《よこかわ》より以来（西）、南は紀伊《きい》の兄山《えやま》より以来（北）、西は赤石の櫛淵《くしふち》より以来（東）、北は近江《おおみ》の狭《さ》狭《さ》波《なみ》の合坂山《おうさかやま》より以来（南）を畿内国と為《な》す」とあり、畿内と畿外という区分けが決められた。この畿内を中心に据えたとき、東北地域の人びとを「夷」「狄」とした日本版華夷思想の概念が成立したと推察され、事実、翌六四七年の磐舟《いわふね》柵造営時には「以て、蝦夷に備える」と完全に国家と対峙する対象としての用語となっている。

なお、『日本書紀』斉明天皇五（六五九）年七月丙子朔条には、日本国天皇が唐の天子《てんし》顕慶《けんけい》に使者を遣わし、「道奥蝦夷男女二人を唐の天子に示した」際の天子と日本側の使者とのやりとりがある。

（前略）天子問いて曰く。これら蝦夷の国はいず方に有りや。使人謹んで答うるに、国は東北に有り。天子問いて曰く。蝦夷には幾種有りや。使人謹んで答うるに、類は三種有り。遠くは都加留《つがる》と名す。次は麁蝦夷《あらえみし》。近くは熟蝦夷《にぎえみし》と名す。まさにこの熟蝦夷、毎歳、本国の朝に入貢す。天子問いて曰く。その国に五穀は有りや。使人謹んで答うるに、これ無く、肉を食して活存り。天子問いて曰く。国に屋舎《おくや》は有りや。使人謹んで答うるに、これなく、深山に中に止りて、樹本に住まいす。（後略）

蝦夷の種類に三種あることはともかくとしても、全体の表現はかなり蔑んだものになっている。これは発掘調査で得られてきた蝦夷社会の実態とは異なっている。彼らは竪穴住居に住み、農耕を営み、糸も紡ぎ、鉄器ももち、死ねば墓に埋葬される。すでに成熟した社会を形成していたのである。文字はもたなかったかもしれないが、決して、未開な野蛮人ではなかった。東北という冷涼な自然環境に適合して生きた人びとだったのである。

国家は、この一方的に蔑んだ人びとを軍事的に、時に懐柔的に、律令制下の枠組みに取り込む政策を執った。その拠点として築いたのが「城柵」だったのである。

2　城柵設置の目的

城柵造営の目的は、『日本書紀』が磐舟柵造営の際に「以て、蝦夷に備える」ためと明快に述べている。だが、蝦夷の何に備えるのかまでは述べていない。直接的には攻撃に備えるためだろう。大局的には城柵を核に律令制を浸透させ、蝦夷支配を強化することだった。具体的には、柵戸《きのへ》を移配して郡を建て、租《そ》・庸《よう》・調《ちょう》の施行体系を確立するところにあった。そのためには戸籍や計帳《けいちょう》を整備し、それを執行するための郡家《ぐうけ》が必要となる。

通常、建郡《けんぐん》すれば郡家が置かれ、郡司《ぐんじ》が任命される。陸奥国南域では坂東諸国などと相違なく行われたが、出羽国では置賜《おきたま》郡家（米沢市大浦遺跡群?）、陸奥国では賀美《かみ》郡家（賀美《かみ》町東山官衙《かんが》遺跡）以北に郡家遺跡は発見されていない。このことから、もともとこの地域には郡家は置かず、城柵にその機能をもたせていたという考えがある。ただし、『続日本後紀』の承和八（八四一）年に「江刺《えさし》郡擬大領《ぎのたいりょう》外従八位下勲八等上毛野胆沢公《かみつけのいさわのきみ》毛人《けびと》等が外従五位下を借授す」の記述があり、江刺郡の在地有力者が郡司層に任命されていることがうかがわれる。

かつて、東北の古代史がおもに律令国家と蝦夷との戦争を基軸にした歴史観が中心であったため、拠点たる城柵は軍事施設と考えられていた。しかし、ここ四〇年来の発掘調査成果は、城柵は一つの地方官衙《かんが》とする考え方を導き、定着させている。一方、官衙とはいえ、坂東等諸国の国府などとくらべると、城柵は築地《ついじ》大垣《おおがき》や木柵塀《もくさくべい》、櫓《やぐら》を備えた堅固な構えである点で異なり、明らかに軍事的である。国家が蝦夷に対してつねに抱いていた「夷狄《いてき》の性《たち》、虚言にして不実なり」（『類聚国史』）や「野心測り難し」（『日本後紀』）といった警戒心をそこにみることができる。

なお、『令義解《りょうのぎげ》』や『令集解《りょうのしゅうげ》』によれば、「養老令《ようろうりょう》」の「職員令大国条《しょくいんりょうたいこくのじょう》」に、大国の国司に与えられる通常任務のほかに、陸奥・出羽・越《こし》国の国司だけには、他国の国司にはない特別な任務が与えられていた。「饗給《きょうごう》・征討・斥候」である。饗給とは「食を饗し、並びに禄《ろく》を給することなり」とあるので、蝦夷に対する饗宴と俸禄のことをいい、朝貢《ちょうこう》を促し懐柔させることが真意であろう。征討は軍事行動。斥候は「斥逐（追いしりぞけること）なり。非常において候逐（密かに探りうかがうこと）なり」とあるので、いわゆる敵情視察である。国府が状況に応じて行った「以て、蝦夷に備える」の任務であるが、志波城、徳丹城などでも行われていたと推察される。

特殊な役割としては、秋田城の迎賓館としての機能もあった。これは渤海《はっかい》国からの使節団の受け入れであった。

3　史料にみえる城柵──城柵の分布

正史に城柵の名称が始めて現れるのは大化改新直後の越国においてである。以下では、越・越後・出羽と陸奥の二地域に分け、それぞれの城柵について概観しよう。

越・越後・出羽の城柵

渟足《ぬたり》柵について『日本書紀』は、大化三（六四七）年「渟足柵を造り、柵戸を置く」と記す。

磐舟《いわふね》柵については、大化四（六四八）年に「磐舟柵を治め、以て蝦夷に備う」と記し、信濃などから選ばれた柵戸が置かれている。

安倍比羅夫《あべのひらふ》の北征が始まった六五八（斉明天皇四）年には、渟足柵や都岐沙羅《つきさら》柵をつくった者に位階が授けられた。都岐沙羅柵は、後の出羽柵の前身とする説がある。

越後国（六九七年初見）には新たに出羽郡（七〇八年）が建てられ、蝦狄《かてき》を征するために「出羽柵（七〇九年）」に兵器が運送されている。出羽柵の初見である。

七一二（和銅五）年に置かれた出羽国には、七

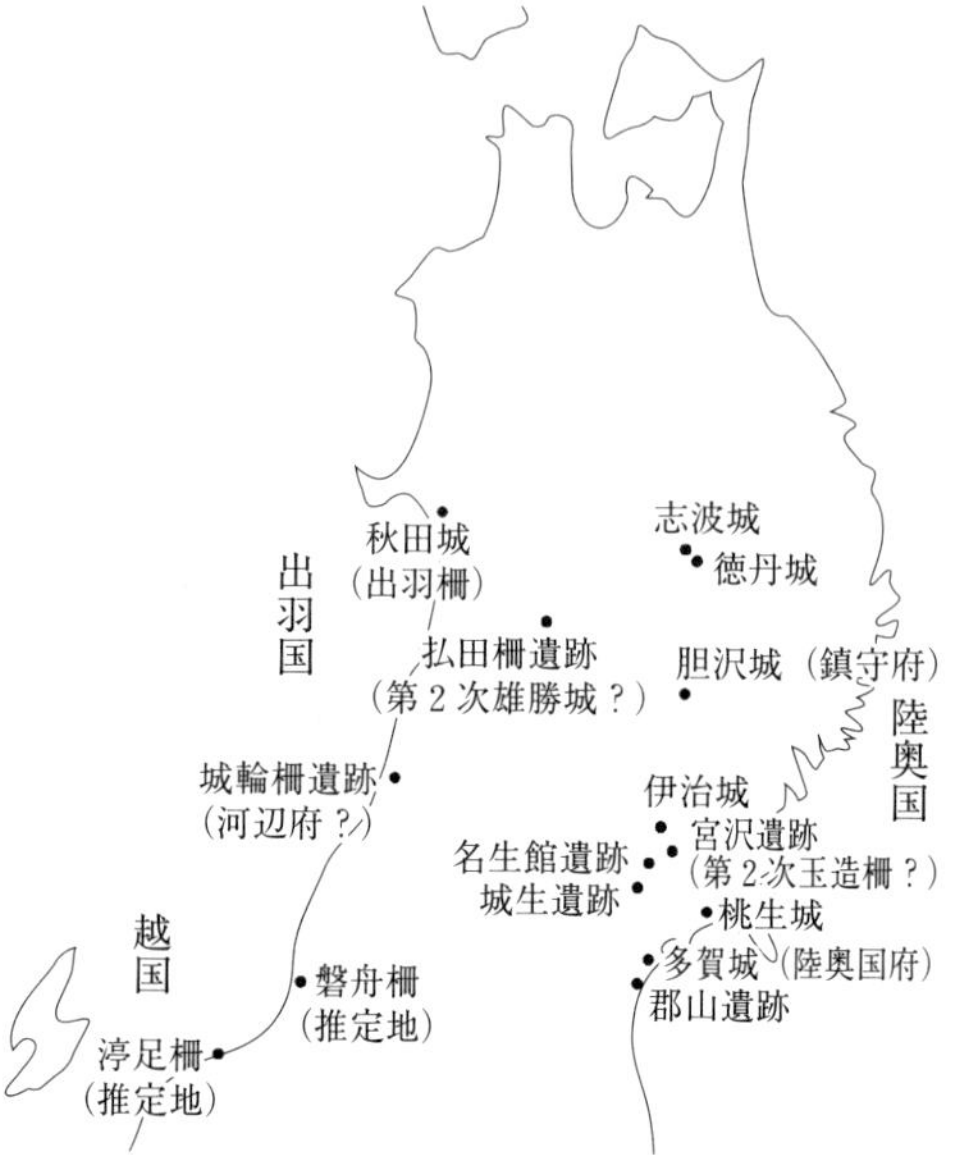

図２　城柵の分布図

五八（天平宝字二）年に小勝《おかち》柵がつくられた。この小勝柵は、翌年「雄勝《おかち》城」、翌々年「雄勝柵」と記される。

さて、『大日本古文書』によると天平宝字四（七六〇）年に阿支太《あきた》城と記されている。これは七三三（天平五）年に出羽郡（現庄内地域）から高清水岡に遷置された出羽柵が修造され、同時に国府も遷置されて改名された段階の施設である。「秋田城」としての初見は七八〇（宝亀十一）年であるが、この時「秋田は保ち難く、河辺は治め易し」という秋田城の停廃と河辺府《かわのべのふ》への移転論議があった。八〇四（延暦二十三）年には河辺府へ移転し、「城を停めて郡となす」として秋田城は七六〇（天平宝字四）年の建置以来四〇余年担った機能を停止した。しかし、その後も元慶《がんぎょう》の乱《らん》を経て、古代城柵としての機能は十世紀後半頃まで継続している。『吾妻鏡』によれば文治六（一一九〇）年に「秋田城等をへて……多賀の国府に」という記載もあり、多賀城とともに中世期までの存続は認められている。

由理《ゆり》柵については、七八〇（宝亀十一）年の秋田城の停廃にかかわり「由理柵は、賊の要害にありて、秋田の道を承る。また兵を遣わし、宜しく相助け防御すべし」と記されている。

陸奥の城柵

陸奥国では多賀城が置かれる。『多賀城碑』には、〃神亀元（七二四）年大野《おお》東人《のあずまびと》が置いた〃と刻まれている。史料の初見では七三七（天平九）年に「多賀柵」と記され、「多賀城」としては七八〇（宝亀十一）年が初見である。『多賀城碑』はさらに、〃天平宝字六（七六二）年藤原恵美朝狩《ふじわらのえみのあさかり》が修造した〃と刻む。これは第Ⅱ期政庁の変遷に同調する修造であるが、これも七八〇（宝亀十一）年の伊治公呰麻呂《これはりのきみあざまろ》の乱で焼失し、復興された第Ⅲ期政庁も八六九（貞観十一）年に陸奥国を襲った大地震で倒壊した。これを復興したのが第Ⅳ期である。

多賀城には陸奥国の国府が置かれた。奈良時代には鎮守府《ちんじゅふ》も併置され、平安時代をとおして奥羽の最高行政機関だったが、一一八九（文治五）年に源頼朝が平泉から鎌倉への帰路に立ち寄り、多賀国府の留守職《るすしき》を設けて以後は、頼朝の支配下に組み込まれた。

七三七（天平九）年の多賀柵設置の頃、玉造《たまつくり》等五柵（玉造柵・新田《にいた》柵・牡鹿《おしか》柵・色麻《しかま》柵）が置かれたが、一柵は不明。大野東人が陸奥国多賀柵から出羽国出羽柵までの新道（賀美郡〜出羽国最上郡玉野〜比羅保許《ひらほこ》山〜雄勝村）「山海の両道」を開く際、多賀城には藤原麻呂、玉造柵には坂本宇麻佐、新田柵には大伴美濃麻呂、牡鹿柵には日下部大麻呂が配置された。

桃生《ものう》城は『続日本紀』天平宝字二（七五八）年の「陸奥国の浮浪人を発して桃生城をつくる」を初見とする。宝亀五（七七四）年には「海道《かいどう》の蝦夷、忽ち徒衆を発して橋を焚き、道を塞ぎ、すでに往来を絶ち、桃生城を侵してその西郭を敗る」と記され、「海道蝦夷」の攻撃を受けた。これは、

城柵一覧

造営年	初見年	廃絶年	郡	郡の建置年	郡の初見年
大化 3 (647)		?	沼垂郡		
大化 4 (648)		?	岩船郡		
	斉明天皇 4 (658)	?	?		
	和銅 2 (709)	?	出羽郡〈建〉	和銅 1 (708)	
7 世紀半ば		7 世紀末葉			
7 世紀末		8 世紀前葉			
神亀 1 (724)					
天平 5 (733)					
	天平 9 (737)	中世	宮城郡		承和 7 (840)
	天平 9 (737)	?	玉造郡		神護景雲 3 (769)
	天平 9 (737)	?	新田郡		神護景雲 3 (769)
	天平 9 (737)	?	牡鹿郡		天平勝寶 5 (753)
	天平 9 (737)	?	色麻郡		延暦18(799)
天平宝字 2 (758)			桃生郡		宝亀 2 (771)
天平宝字 2 (758)			雄勝郡〈置〉	天平宝字 3 (759)	
天平宝字 4 (760)					
神護景雲 1 (767)		9 世紀初頭頃	栗原郡〈置〉	神護景雲 1 (767)	
宝亀11(780)		?			
	宝亀11(780)	中世			
	宝亀11(780)	11世紀前半 ?	秋田郡		貞観 1 (859)
	宝亀11(780)	?			
	宝亀11(780)				
延暦21(802)		10世紀後半頃	胆沢郡		延暦23(804)
9 世初頭頃					
延暦22(803)		弘仁 2 (811)	斯波郡〈置〉	弘仁 2 (811)	
	延暦23(804)		小田郡		天平勝寶 1 (749)
	延暦23(804)		河辺郡		承和10(843)
9 世紀第 1 四半期		9 世紀第 1 四半期			
	弘仁 5 (814)	9 世紀中葉頃	斯波郡		
	仁和 3 (887)				
9 世紀後半		10世紀前半			

表1　東北の

国	文献にみえる城柵等		遺跡	考え方・諸説
越	渟足柵〈造〉		？	
	磐舟柵〈治〉		？	
	都岐沙羅柵		？	出羽柵の前身？
越後	出羽柵		？	
陸奥			郡山遺跡Ⅰ期官衙	城柵説・評家説・国府説
			郡山遺跡Ⅱ期官衙	国府説
	多賀城〈置〉		多賀城跡	多賀城碑による
出羽		秋田村高清水岡の施設	秋田城跡	出羽柵遷置・国府
陸奥	多賀柵		多賀城跡	国府
	玉造柵		名生館官衙遺跡Ⅳ期	他に玉造郡家説
			宮沢遺跡	第2次玉造柵・玉造塞
	新田柵		新田柵跡推定遺跡	
	牡鹿柵		赤井遺跡？	他に牡鹿郡家説
	色麻柵		城生遺跡？	
	桃生城〈造〉		桃生城跡	
出羽	小(雄)勝柵(城)〈造〉		？	
	阿支太城		秋田城跡	出羽柵修造し、秋田城へ
陸奥	伊治城〈造〉		伊治城跡	
	覚鱉城(柵)		？	
	多賀城		多賀城跡	
出羽	秋田城		秋田城跡	
	由理柵			
		河辺		延暦23年の河辺府と同じ？
陸奥	胆沢城〈造〉		胆沢城跡	鎮守府
出羽			払田柵遺跡	第2次雄勝城説
陸奥	志波城〈造〉		志波城跡	
	中山柵			
出羽		河辺府	城輪柵遺跡？	国府
			払田柵遺跡？	
陸奥	徳丹城		徳丹城跡～城外(館畑)遺跡	徳丹城に先行する官衙
			徳丹城跡	徳丹城
出羽		出羽郡井口地の国府	城輪柵遺跡？	国府
		旧府近側の高敞之地の施設	八森遺跡？	嘉祥3(850)年の地震のため城輪柵を移転した国庁

以後の三十八年間におよぶ戦争の引き金となった。いわば、三十八年戦争の勃発地域の城柵であった。

伊治《これはり》城については、『続日本紀』神護景雲元（七六七）年に「伊治城の作り了《おわ》るを知る。始めより畢《おわ》りに至るまで三旬に満てず」とあり、造営工事は一カ月かからなかった。同年には「陸奥国に栗原《くりはら》郡を置く。本は是れ伊治城なり」とあり、伊治城が母体となって栗原郡が置かれた。この栗原郡（伊治郡。史料では上治郡）の大領《たいりょう》伊治公呰麻呂は、七八〇（宝亀十一）年、覚鱉《かくべつ》城の造営のため伊治城にいた按察使《あぜち》紀広純《きのひろずみ》と牡鹿郡大領道《みち》嶋大楯《しまのおおたて》を殺害した（伊治公呰麻呂《これはりのきみあざまろ》の乱《らん》）。「伊治公呰麻呂、本は是れ夷俘の種なり」といわれるようにもとは内陸部の山道《さんどう》蝦夷であった。もと海道蝦夷である大楯とは、ともに蝦夷出身の大領であったが、大楯は呰麻呂のことを夷俘だといってつねに侮辱していたので、呰麻呂は大楯に対して深い恨みを抱いていた。『続日本紀』は「是に至りて、呰麻呂自ら内応をなして俘軍《ふぐん》を唱誘して反す。まずは大楯を殺し、衆を率いて按察使広純を囲み、攻めてこれを害す」と記している。これ以降、政府側と蝦夷側の戦いは激しくなっていく。

七八〇（宝亀十一）年の正月に、蝦夷が坂東からの移民が入植している長岡の地の百姓家を焼く事件が起こった。官軍はこれを追討するとともに再発防止のために覚鱉城を造営し、鎮戍の兵を置くことにした。しかし、河の凍結のため船路を取ることができず、雪解けの増水をまって行うこととした。『続日本紀』は「三四月の雪消え、雨水汎溢の時を取りて、直に賊地に進みて覚鱉城を造るべし」と記し、さらに「宜しく覚鱉城を造りて、胆沢の地を碍ぐべし」とも記している。覚鱉城がこの時期不穏な動きをしていた胆沢の賊に対する抑えとする意図の下、造営建議された城であったことがわかる。

中山柵については、『日本後紀』によると、延暦二十三（八〇四）年に戦争準備として「武蔵、上総、下総、常陸、上野、下野、陸奥等の国から、糒《ほしいい》一万四千三百五十斛《こく》、米九千六百八十五斛を陸奥国小田郡の中山柵《なかやま》に運ぶ。蝦夷を征するためなり」と記されている。翌年、坂上田村麻呂《さかのうえのたむらまろ》が征夷大将軍に任命されて戦争の用意は整ったが、実施された様子はない。

胆沢《いさわ》城、志波城、徳丹城については、次章で詳述する。

以上、用字は異なるも、集約すると一九の城柵がある。遺跡の所在地がわかるものは、秋田城・多賀城・桃生城・伊治城・胆沢城・志波城・徳丹城である。渟足柵、磐舟柵、都岐沙羅柵、出羽柵、雄勝城、由理柵、中山柵は遺跡が不明であり、色麻柵、新田柵は擬定地はあるものの確定していない。覚鱉城は実際に造営されたかどうかを含め謎が多い。胆沢を睨んだ城柵であることから、伊治城より北になければならず、造営されていた場合、磐井《いわい》郡辺りにないだろうか。

また、発掘調査成果から城柵遺跡らしいが史料への比定が確定していない名生館官衙《みょうだてかんが》遺跡（玉造柵説）、宮沢遺跡（玉造塞説）、赤井遺跡（牡鹿柵説）、払田《ほった》柵遺跡（第二次雄勝城説）などがある。

4　母なる北上川

岩手県岩手郡岩手町、御堂観音。弓弭《ゆはず》の泉より湧き出でた水粒は、流域一万一五〇平方キロの支流水系の水を集めながら流れ、約二五〇キロ下った石巻湾（あるいは追波《おっぱ》湾）において太平洋へと注いでいる。東北一の大河、北上川の流れである。

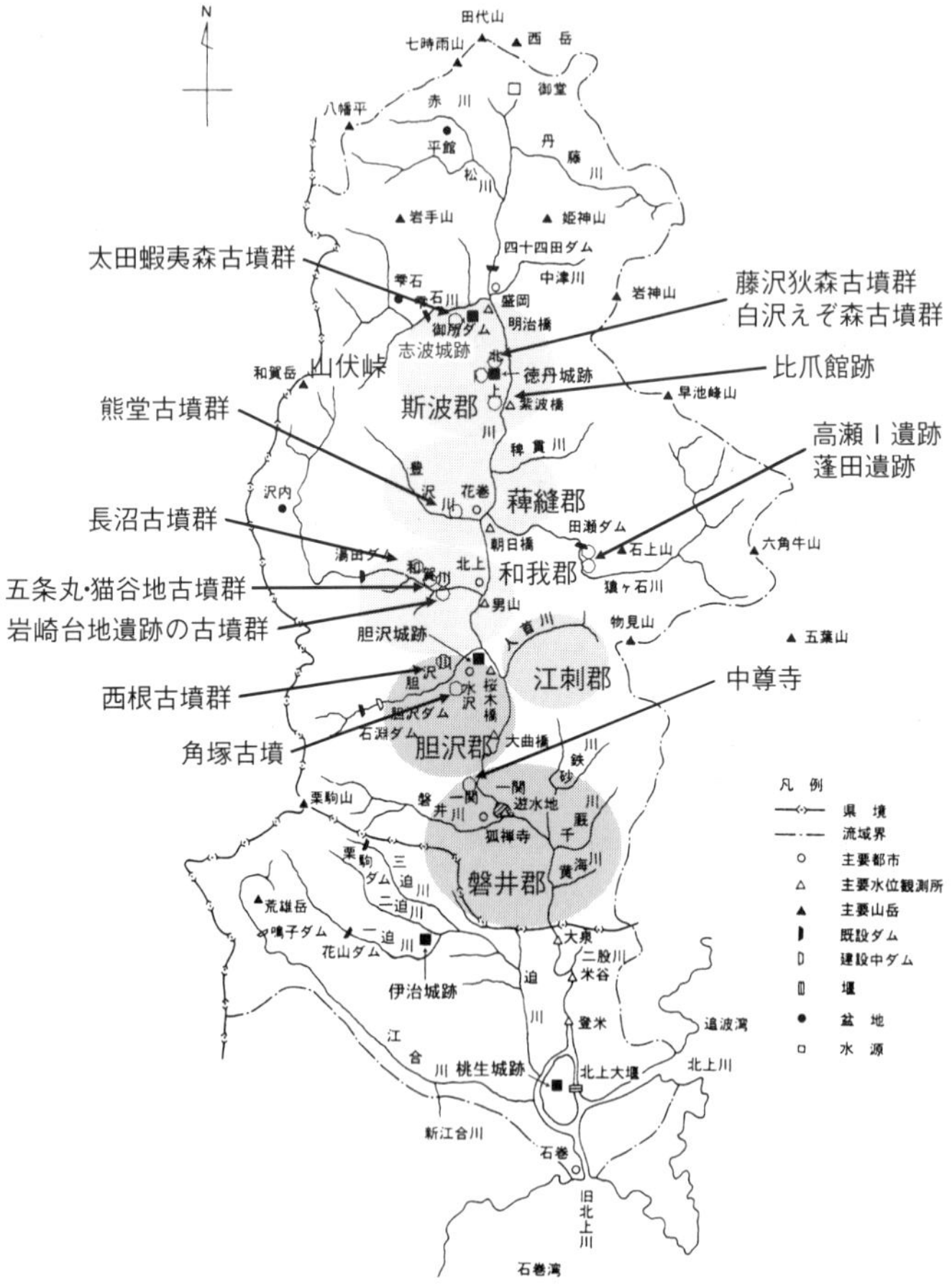

図3　北上川水系図

註「日高見からイーハトーブへ：岩手の川と道・50年」建設省東北地方建設局岩手工事事務所　1991から引用し、加筆した。

図4　北上川流域（南上空から俯瞰）

この流域には、現在一四五万人の人びとが暮らしている。有史以来、直接的であれ、間接的であれ、この川が人びとにもたらした恩恵や脅威は計り知れず、人びととこの川とのかかわりそのものが、流域の歴史を生み、育んできたといっても過言ではないのである。

北上川は、源泉から約三五キロ下ったJR盛岡駅の南側で雫石川と合流する。雫石川は奥羽山脈から流れ出た水系を集め東流する河川であるが、北上川との合流地点では、水量、川幅ともに北上川を凌ぐ大河である。この合流地点の上流約五キロの右岸に志波城跡はある。

雫石川の豊富な水量を加え合流地点から約一〇キロ下流で、紫波《しわ》郡矢巾《やはば》町に流れ込む。この水量に押されて、現在の川筋は北上山地の西裾野に接する形で流れ、右岸には低位段丘や肥沃な氾濫平野が形成される。徳丹城跡は、その低位段丘上に立地する。

　徳丹城跡から五キロ下り、紫波郡紫波町に入るとすぐに、中世斯波《しば》氏の居城である高水寺城跡の東壁が迫ってくる。さらに下り日詰《ひづめ》にいたると、古代「斯波郡」唯一の式内社志賀理和気《しがりわけ》神社や、平泉藤原氏の一族である樋爪《ひづめ》氏の館と推定される比爪館跡も所在する。

　郡境を越えると川は稗貫《ひえぬき》郡へと流れ込む。現在の石鳥谷《いしどりや》、花巻市地域であるが、古代では「薭縫《ひえぬい》郡」域に相当する。ここで東から猿ヶ石川、西から豊沢川の豊富な水を合わせる。猿ヶ石川の上流は遠野市で、古代では「閉伊《へい》村」の南域である。蕨手刀《わらびでとう》を出土した蓬田《よもぎだ》遺跡（八世紀）や「物部」「地子稲得不」などの墨書土器《ぼくしょどき》を出土した高瀬I遺跡（九世紀後半）がある。豊沢川左岸には蕨手刀や和同開珎《わどうかいちん》を出土した熊堂古墳群（八世紀）がある。

　北上市にいたると、古代の「和我《わが》郡」域である。西から和賀川が注ぎ、一層の水量を増す。和賀川の上流域は、雫石川の上流水系と峠一つで分水する。また、奥羽山脈を挟み秋田県横手市の雄物川上流水系とも分水しており、この流域は雄勝郡へ抜ける重要ルートである。和賀川左岸には長沼、五条丸、猫谷地の各支群からなる江釣子《えづりこ》古墳群（七世紀後半～八世紀）、右岸には岩崎台地遺跡の古墳群（六世紀末～七世紀初頭）が展開する。

　和賀川の合流地点から一〇キロ下って、奥州市（旧水沢市）へ。古代の「胆沢郡」域である。西から胆沢川が合流し、右岸には「水陸万頃《すいりくばんけい》」の胆沢扇状地が広がる。胆沢城はこの合流地点の右岸に位置する。胆沢川の上流部には、本邦最北端の前方後円墳である角塚古墳があり、近年、近傍の中半入《なかはんにゅう》遺跡から、古墳造営に深くかかわる豪族居館跡や古式須恵器などが出土している。また、胆沢川左岸には西根古墳群（八世紀）などが展開する。なお、胆沢城跡の北上川を挟んだ対岸は「江刺郡」域である。

胆沢城跡から約二〇キロ下り、西から衣川が流れ込み、右岸に関山中尊寺の老杉がみえる辺りが、世界遺産登録をめざす平泉である。古代では「磐《いわ》井《い》郡」域の北端である。

北上川は一関市において磐井川と合流した直後、もっとも川幅が狭くなる狐禅寺《こぜんじ》峡谷とよばれる狭窄部が待ち受ける。上流から数々の支流河川の水を集めながら一三五キロ、一気に川幅が狭まるため、手前に位置する一関市や平泉町は古来より水害の常襲地帯であった。

狐禅寺峡谷を抜けて花泉を過ぎると県境を越え、宮城県本吉郡津山町から登米郡登米町にいたる。ここで川幅は海のように広がる。現在の北上川は、津山町柳津で分流して石巻湾に流れ込む旧北上川と、柳津からやがて東流して追波湾に流れ込む新北上川がある。旧北上川を八キロほど下った登米郡豊里町で西から迫《はざま》川が合流する。迫川の三〇キロ上流域には伊治城跡がある。また、桃生郡桃生町の旧北上川東岸の丘陵には桃生城跡がある。この地点は迫川合流地点のほぼ正面に位置しており、迫川をさかのぼれば伊治公呰麻呂の山道蝦夷の地域、北上川を下れば海道蝦夷の地域である。桃生城はまさに山海二道の接点に造営された。

桃生城跡からさらに二〇キロ、そこはもう河口、石巻湾。太平洋である。

Ⅱ　岩手の三城柵の歴史的背景

1　胆沢城

胆沢城の初見は八〇二（延暦二十一）年の「従《じゅ》三位《さんみ》坂上大宿祢《おおすくね》田村麿を遣わし、陸奥国に胆沢城を造る」という造営記事である。

坂上田村麻呂は、胆沢城造営時は陸奥出羽按察使として征夷大将軍職を兼務していたが、史上には七九一（延暦十）年、征夷副使として征夷大使大伴弟麻呂《おおとものおとまろ》に従い登場する。その後、桓武天皇の信頼厚く、七九六（延暦十五）年には鎮守府将軍、翌年には征夷大将軍に任命された。按察使とは、民政、司法、財政に対して広域的な査察を行う行政監察官で、陸奥出羽にあっては最高位の官職だった。これに軍事権をもつ征夷大将軍を兼務していたのである。

桓武天皇は七八一（天応元）年の即位以来、征夷の中止を下した八〇五（延暦二十四）年の徳政《とくせい》相論《そうろん》までの二四年間で、七八四・七八九・七九四・八〇一・八〇四（延暦三・八・十三・二十・二十三）年と計五回の征夷を実行ないし計画している。なかでも七八九（延暦八）年の合戦は、

図５　胆沢城跡遠景

「賊帥阿弖流為《ぞくすいあてるい》」（『続日本紀』）が率いる蝦夷軍に苦戦し、記録的な大敗を喫した戦いとして名高いが、この戦いに坂上田村麻呂の名はまだない。

国家側の雪辱戦ともいえる七九四（延暦十三）年の軍事行動は、それまでにない大規模な一〇万人もの兵力が動員された。このとき、坂上田村麻呂は大伴弟麻呂に従う征夷副将軍として戦地に赴いた。『日本紀略』によると大伴弟麻呂は「首四五七級を斬り、一五〇人を捕虜とし、馬八五疋《ひき》を獲り、七五所を焼落せり」と報告している。

八〇一（延暦二十）年の戦いでは、坂上田村麻呂が征夷大将軍として初めて節刀《せつとう》を賜っている。翌年の八〇二（延暦二十一）年正月、胆沢城が造営される。四月には阿弖流為が同族五〇〇人あまりを引き連れ田村麻呂に降った。その後七月になって、田村麻呂は降伏した阿弖流為と母礼《もれ》の二人を従え帰京した。二人の助命を請うたが、公卿

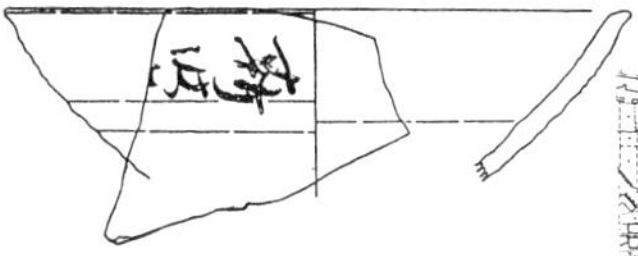

「斯波」SE1050
（水沢市1987）

胆沢城跡全体図

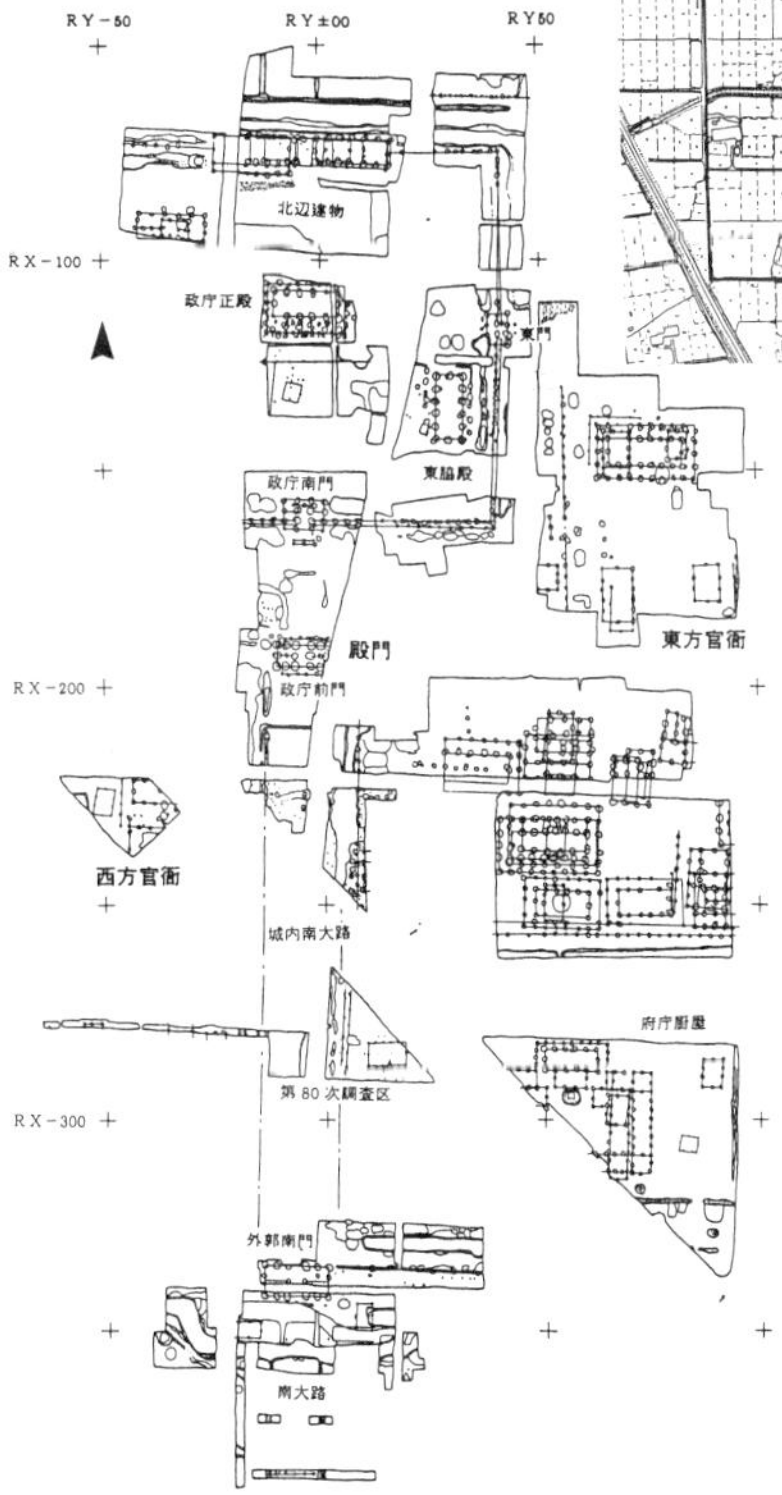

胆沢城跡政庁・官衙地区
全体図

「厨」SD207
（水沢市1977）

「具注暦」SD596
（水沢市1982）

「和我連□□進白五斗」

木簡
（水沢市1987）

図６　胆沢城跡政庁周辺・全体図および出土遺物

達は「奥地に放ち還すは、いわゆる虎を養いて患いをのこすものなり」と聞き入れず、八月に河内《かわち》国杜山《もりやま》で斬刑に処した。

なお、八〇八（大同三）年には、鎮守将軍兼陸《む》奥介《つのすけ》である百済王教俊《くだらおうきょうしゅん》が「遠く鎮所《ちんじょ》を離れ、常に国府に在り」とあり、この年までには多賀城から鎮守府が移転している。また、八三四（承和元）年には「陸奥鎮守府に印一面を賜う。元は国印を用うる」とあり、徳丹城廃止に備えて鎮守府専用の印章が給され、官制や施設が整備されている。

その後、十世紀中葉頃まで機能したことが発掘調査成果から判明している。

2　志波城

胆沢城造営の翌年、八〇三（延暦二十二）年、「越後国をして米三十（三千カ）斛《こく》、塩三十斛を造志波城所《ぞうしわじょうしょ》に送らしむる」とあることから造営年がわかる。また、この時「造志波城使《し》（中略）坂上田村麻呂」とあることから田村麻呂が造営長官だったこともわかる。桓武天皇が進めた積極的な征夷政策を具現化し、志波城は巨大に、堅固に造営された。まさに日本国の北辺の城柵にふさわしい威厳である。しかも、胆沢城造営からわずか一年後の造営である。これは阿弖流為等の死後、胆沢勢力の沈静化にともない、胆沢以北のいくつかの勢力が一気に服従したためであろう。それはやや時代は前後するが、七九二（延暦十一）年に斯波《しわ》村の蝦夷の懇願からも推察できる。

斯波《しわ》村の夷《い》、胆沢の公《きみ》阿奴志己《あねしこ》等、使を遣わし、請うて曰く。己等、王化に帰せんと思い、何日忘れず。而して伊治村の俘《ふ》等に遮られるがため、自ら達するに由なし。願わくば

図７　志波城跡遠景

彼の遮闘を制し、永く降路を開かんと志波城はこのような土壌につくられたが、かつては「志波村賊、叛逆す」（『続日本紀』）と反旗を翻していた。

かくして志波城は陸奥国の最北端につくられた。この場所は、雫石川下流として出羽国へ通じる要衝であったばかりではなく、鹿角方面や馬渕川流域あるいは久慈方面や閉伊川流域にも通じる水系を集めた水運上の要衝だった。平川南は、志波城は北狄を強く意識した城柵で、出羽国へ通じる雫石川流域に水害を覚悟の上で設置したと述べている。

なお、七七六（宝亀七）年に陸奥国では山海二道の蝦夷を討つ際、出羽国の軍士四〇〇〇人を雄勝より発して、陸奥の西辺から討つように指示している。同じ年に「出羽国志波村の賊が叛逆」した際、これを討つ出羽国の官軍が不利だったため、政府は下総、下野、常陸等の坂東諸国に騎兵の派兵を命じている。つまり、雄勝城から陸奥国の西側へ攻め入る場合、雄物川水系を経て和賀川上流へ通じるルートをたどったと推察される。とくに、志波村へは和賀川上流から山伏峠越えに雫石川上流へ出るのがもっとも容易であったと思われる。現在の沢内街道筋である。志波村とは後に志波城が造営される志波郡であるが、この時点では出羽国の管轄だった。なお、払田柵遺跡が所在する山本郡へは、秋田街道筋に仙岩峠越えのルートも重要であろう。ただし、このルートは急峻である。

八〇四（延暦二十三）年には、交通路の整備が行われ、志波城と胆沢郡との間に「一駅」が置かれている。その後、八一一（弘仁二）年正月になって「和我《わが》、薭縫《ひえぬい》、斯波《しわ》三郡」が置かれた。これは交通路の整備がまず行われてからの置郡だったことを示している。

八〇五（延暦二十四）年、征夷政策が大きく転換した。「まさに今、天下の苦しむ所は、軍事と造作なり。この両事を停むれば、百姓これを安んぜんと」として、桓武天皇が推進した征夷政策と新都造営が中止されたのである。いわゆる「徳政相論」である。

この翌年の八〇六（大同元）年、桓武天皇が崩御し平城天皇が即位するが、八〇八（大同三）年には皇位を譲位し、弟の嵯峨《さが》天皇が即位する。

八一〇（弘仁元）年、都では藤原薬子《ふじわらのくすこ》が兄の藤原仲成《なかなり》とともに、平城上皇の重祚《ちょうそ》と平城遷都を謀り、政権を取り戻そうとする争いを起こしていた。薬子の乱である。これに上皇派としてかかわった文室綿麻呂《ふんやのわたまろ》は、一時嵯峨天皇に召喚されたが、坂上田村麻呂の「綿麻呂は武芸の人なり。頻りに辺戦を経たり。募りてまさに同行せん」という推挙によって嫌疑が解かれて釈放され、ともに上皇派の掃討に加わって勝利した。この軍功によって陸奥出羽按察使に任ぜられ、名実ともに坂上田村麻呂の後継者となった。

征夷中止の決定は下されたものの、八一一（弘仁二）年の三月から十二月にかけて、正月に置かれたばかりの和我、薭縫、斯波三郡の安定化のための軍事行動が起こされた。四月に文室綿麻呂は征夷将軍に任ぜられたが、五月には坂上田村麻呂が薨去している。この戦いは、それまでの田村麻呂路線の戦いとは異なり、「賊を以って賊を討つは、軍国の利なり」といった、いわば夷を以って夷を征する戦術がとられた。征夷の対象地が「尓《に》薩體《さつたい》、幣伊《へい》二村」とあるので、おそらくは現在の二戸市仁佐平の辺りを中心とした県北地域と、遠野市から宮古市以北の上閉伊・下閉伊地域と推察できる。ただ、この戦いでは陸奥出羽両国の合同軍二万六〇〇〇人を動員したわりにはこれといった戦果もなく、やたらと美辞麗句が並ぶ自画自賛の戦勝報告と、いたずらな褒章だけが目立つ戦いだった。

閏十二月、文室綿麻呂は「今、官軍一挙して、寇賊遺る無し。事須べからくは、ことごとく鎮兵を廃し、永く百姓を安ずべし」と報告し、「其れ志波城は、河浜に近くして、しばしば水害を被る。須べからくは其の処を去りて、便地に遷し立つるべし」と頻繁に水害に遭う志波城移転（徳丹城造営）の必要性を申し出た。最後には「宝亀五年より、当年に至るは、すべて三八歳。邊寇はしばしば動き、警□絶なし。丁壮は老弱し、あるいは征戍に疲れ、あるいは転運に倦る。百姓は窮弊して、未だ休息を得ず」と付け加えている。

思えば七七四（宝亀五）年、海道の蝦夷によって桃生城の西の郭が破られて以来、伊治公呰麻呂の反乱、阿弖流為の抵抗とつづいた三八年間に及ぶ征夷の歴史はここ斯波の地で一応の終息をみた。これは有終の美を飾るべく、華々しい征夷政策の完遂に見せかけてはいるものの、実態は国家の挫折と疲弊とよぶにふさわしいものだった。

水害による移転の申し出の以後、志波城は史上からその名を消す。

3 徳丹城

志波城が史上から姿を消してから三年目の八一四(弘仁五)年、「胆沢徳丹の二城は、遠く国府を去り、孤して塞表に居る」という書き出しで、その名が初めて史上に登場する。このことから、徳丹城は志波城を移遷した城であったことがわかる。したがって、徳丹城の造営年は、水害の八一一(弘仁二)年閏十二月十一日から、初見の八一四(弘仁五)年十一月十七日までの間になるが、鈴木拓也は水害記事の解釈と、八一二(弘仁三)年四月の太政官符との因果関係から、八一二(弘仁三)年三月上旬の造営年を説く。三カ月間のスピード造営説である。

この説の本旨は次のとおりである。

(前略)①而城柵等所納器仗軍粮。其数不少。迄于遷納。不可廃衛。伏望置一千人充其守衛。②其志波城。近于河浜。屢被水害。須去其処。遷立便地。伏望置二千人。暫充守衛。③遷其城訖。則留千人。永為鎮戍。④自餘悉従解却。(後略)

(『日本後紀』弘仁二年閏一二月一一日条)

太政官符

定鎮守府官員事

将軍一員　軍監一員　軍曹二員

図8　徳丹城跡遠景

醫師弩師各一員
右被右大臣宣偁。奉勅。⑤鎮兵之数減定已訖。其鎮官員数宣依前件。
（『類聚三代格』弘仁三年四月二日条）
※①〜⑤傍線筆者

傍線①は、城柵等に納めている器仗《きじょう》、軍粮《ぐんろう》は少なくないので、遷し納めるまで守衛を解くべきではなく、一〇〇〇人を置いて守衛に充てること。傍線②は、志波城は河浜に近くしばしば水害を被るので、その場所を去って、便地に遷し立てるべきだ。そのために二〇〇〇人を置いて、しばらく守衛に充てること。傍線③は、志波城を遷し終わったならば一〇〇〇人を留めて永く鎮戍《ちんじゅ》させること。傍線④は、それ以外はことごとく解却することを述べている。つまり、段階的な鎮兵《ちんぺい》の削減案が出された形であり、この三〇〇〇人も志波城の移転が終了した時点で一〇〇〇人に削減されることが示された。

その上で傍線⑤では「鎮兵の数、減定すでに終わる」といっていることから、志波城の移転が終了し、同時に徳丹城の造営が終了したというのである。きわめて有力な説である。

ただし、近年明らかになった「徳丹城に先行する官衙」の存在と、縄張り溝が掘られた時期を考慮すると、それを否定するものではないが、着工という時期のとらえ方についてやや慎重にならざるを得ない。その理由は後述する。

その後、八一五（弘仁六）年には胆沢城と徳丹城の鎮兵五〇〇人ずつ合計一〇〇〇人が廃止されたが、以降は俘囚《ふしゅう》兵力が充てられ、九世紀中葉頃までは存続したのである。

4　志波城移転と徳丹城造営

移転の契機

志波城移転の契機が、水害にあったことは上述の史料に記されるとおりである。「しばしば水害を被る」という表現の裏には、一度ではない水害の経験が隠れており、志波城移転を最終的に促したものが水害にあったことは自明といえよう。ただし、当時の征夷政策における政治的環境からみれば、水害は側面的な要因であり、本質は徳政相論にある。つまり、その後の政策転換として行われた三十八年戦争終結時における軍事と鎮守府官制の縮小という、陸奥国の軍制・官制の改革こそが本質といえよう。

ところで、志波城移転の建議はいつ行われたのだろう。伊藤博幸は、八一一（弘仁二）年正月の

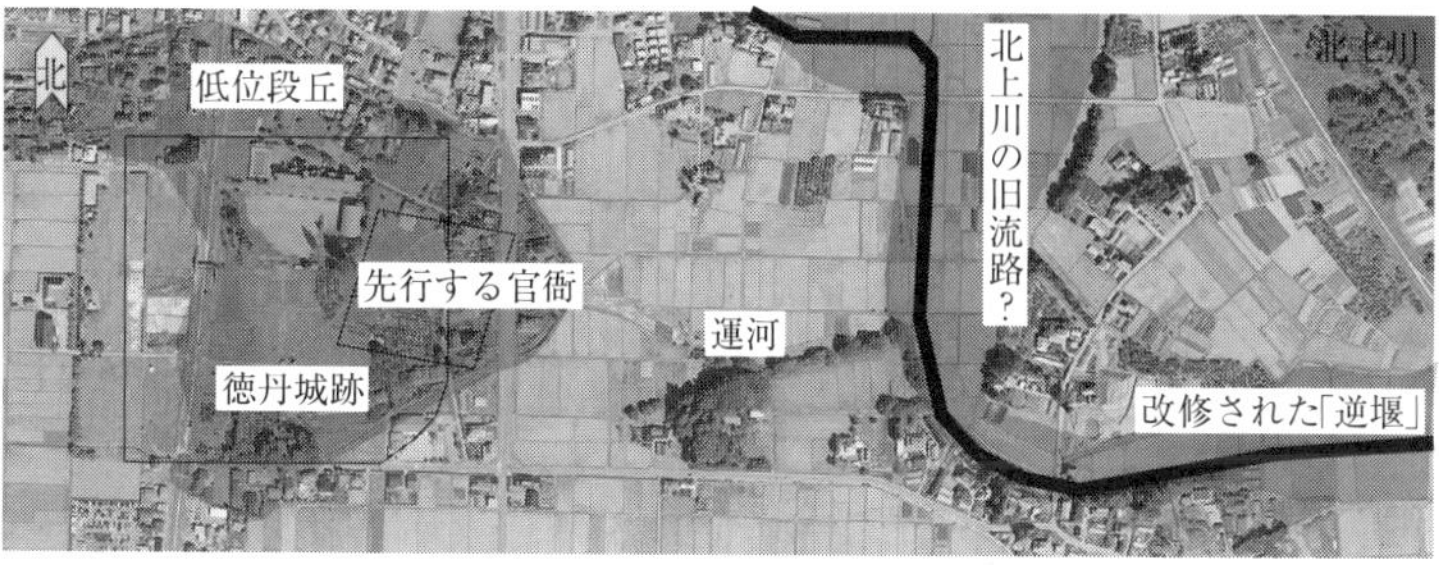

図９　上空からみた徳丹城跡周辺

「和我、薭縫、斯波三郡」の設置が、徳丹城造営に向けた条件整備の一環であったことから、この頃すでに志波城移転計画が本格化していたと指摘する。それは三郡設置が、志波城が機能していた期間に行われず、志波城廃城が決定された同じ年になされていることから、このときすでに徳丹城による新たな三郡の支配体制を描いていたためと理解される。つまり、志波城移転（徳丹城造営）の建議は、水害のため俄かに起きたのではなく、三郡の設置時点ですでに行われていた可能性が考えられる。

　この可能性を考古学的に補強する成果がある。後述するが、徳丹城造営時に現地に引かれた縄張りと推察される溝跡が発掘調査で確認されている。この溝はまさにこの三郡設置時点で引かれた可能性が高いのである。

「便地に遷立す」とは

　「便地」すなわち便利のよい土地。直接的にはやはり水害を受けない土地であり、志波城が担ったものを喪失させない土地であろう。そして、新たに課せられた三郡支配を満足させる土地、これが「便地」としての遷立条件だったと思われる。

　胆沢城跡と志波城跡が城内に小河川を取り込み、北上川や雫石川に直に接する立地であるのに対して、徳丹城跡は城内に小河川を取り込まず、北上川からも距離をとっている。この点に水害経験が生かされていると推察されるが、反対に陸の孤島的な地形的孤立感を生じさせることになった。結局、この状況を解消させたのが運河だった。

志波城が担ったもの

北上川と雫石川の合流地点付近には、中津川等の小河川が何本か集まっている。それらの水系には、元慶の乱の折、陸奥国からの援軍が通ったと想定される安比《あっぴ》〜鹿角《かづの》〜比内《ひない》ルートや、古来琥珀《こはく》や塩の道とされる岩泉〜久慈《くじ》ルートがある。とくに、雫石川から山伏峠を越える沢内街道筋を和賀川上流に達すると、西方にはもう雄物川水系が広がる。この和賀川流域には遠賀川《おんがかわ》系の弥生土器が分布することから、この水系を媒体とした日本海側とのルートが弥生時代にはすでに拓かれていたことがわかる。

つまり、志波城の立地というのは、各方面へのアクセスが可能な水系を集めた要衝にあることがわかってくる。このことから志波城が担ったものの一つに、出羽国や太平洋側への連絡を確保するための水系の掌握があったのではないかと推察される。

徳丹城はこの水系をそのまま引き継いだのであるが、郡名を冠した志波城名までは引き継がなかった。これについて伊藤博幸は、移転後（払田柵遺跡〔第二次雄勝城説〕）も広域名として同じ「雄勝」の名を冠した雄勝城が、国家プロジェクトのなかで担った基本的性格が一貫して不変だったこととは異なり、徳丹城移遷が覚鱉城造営と同様に、現地の按察使や奥羽両国の首脳部主導による建議の結果実行されたことを指摘している。つまり徳丹城造営は国家プロジェクトから奥羽国内のプロジェクトへ変化したため、かつて志波城が担った役割や性格とは違ったものが徳丹城に新たに求められたと説いている。

違ったもの、筆者はこれを三郡支配ととらえているが、それだけに同じ郡内での移転は重要な意味をもつ。

移転と地元民の協力

雫石川水系を掌握していた志波村の氏族のなかでも、藤沢狄森《えぞもり》古墳群の被葬者達の存在は大きい。国家は徳丹城造営が「便地」確保上、彼らの協力なしでは実現できないという意識をもっていただろう。

国家はまず、水害を受けず、志波城が担ったものを喪失させない土地をのぞんだ。そのためには遠隔地ではなく、同じ郡内、同じ水系内であることが移遷の要件であり、とりわけ同じ郡内であれば、かつて志波城造営時に得られた同様の協力を得やすいとも考えた。これは同時進行する志波城解体作業を考えればなおさらのことである。しかし、何よりもこの地域の安定化のためには同じ郡内での移転でなければならなかった。

一方、地元も国家との有機的な関係を保持する観点から、郡内での移転をのぞみ協力を約束したが、集落の強制移転と古墳群を潰さないことが条件だったと推察される。実際、提供された土地は古墳群ではなく、七世紀後半代～八世紀前半代を中心とする彼らの本拠地だった。ところが、徳丹城造営前夜、集落は周辺の渋川遺跡などに分散し閑散としていたため、もとより強制撤去など必要としない土地だった。

ちなみに、藤沢狄森古墳群はこれまで八〇基を超す古墳を確認しているが、徳丹城造営以後も破壊を受けていない。少なくとも十世紀代までは墓域として強く意識されている。たいせつに保護されていた証であろう。それは徳丹城造営と廃止を経験してもなおこの周囲で割拠した人間たちに、藤沢狄森勢力の末裔として一貫した血の流れがあったことの証でもある。つまり、国家と地元相互の利害を考慮すれば、移転先が根本的に和我一族等他氏族が支配した水系や郡域外への移転では駄目だったと推察される。

Ⅲ　三郡の設置とその母体

城柵設置の目的は、一般的には城柵を中心とした地域に郡を建て、律令支配を浸透させていくことだった。『日本後紀』によると、延暦二十三（八〇四）年に「斯波城と胆沢郡とは、相去ること百六十二里。山谷嶮しく、往還難多し。郵駅を置かずば、恐れて機急を欠く。伏して請うらくは小路の例に准じ、一駅を置くべし」と記されており、胆沢城の造営後二年のうちには胆沢郡が置かれている。また、弘仁二（八一一）年には「陸奥国に、和我、薭縫、斯波三郡を置く」とあり、志波城造営の八年後に斯波郡が置かれ、同時に城柵のない地域にも和我郡、薭縫郡が置かれた。

本来、郡を建てることは、郡家を最小行政単位として設置し、税の徴収体系を確立していくことである。ただ、当地域で郡家は未発見である。全国的な傾向として、郡家は九世紀には衰退し、九世紀中葉頃にはほぼなくなっている。したがって、胆沢地域から当三郡地域を含む陸奥北端地域が律令の枠内に入ったこの時期、郡家を新設するとも考えにくい。むしろ、郡家の役割を城柵が担ったという考えから、もともと設置されていない地域だと八木光則は説く。ともあれ、三郡は置かれた。

この三郡とは現代の和賀郡、稗貫郡、紫波郡に相当する地域で、沖縄本島や佐賀県、香川県よりも広い。和賀郡は和賀川流域の北上市地域、稗貫郡は豊沢川と猿ヶ石川流域の花巻市地域、紫波郡は雫石川以南の盛岡市・矢巾町・紫波町地域である。

これらの河川流域には、和賀川沿いに江釣子古墳群、豊沢川沿いに熊堂古墳群、雫石川沿いに藤沢狄森古墳群や太田蝦夷《えぞ》森古墳群などの古墳群が造営される。つまり、個々の被葬者たちはこの支流河川流域に勢力圏をもっていて、国家は支流河川ごとに郡を置き、支配していった。したがって、和我・薭縫・斯波の三郡の成り立ちは、これらの河川流域が母体となったと考えられる（図3）。

1　志波村の古墳群と集落

『続日本紀』によると、宝亀七（七七六）年に「出羽国の志波村の賊が叛逆す」とあり、翌年にも「志波村の賊、蟻結して、毒をほしいままにす」と記されるほどこの段階の志波村は、国家にとってはかなりの抵抗勢力だった。ところが、一五年経った延暦十一（七九二）年には、斯波村の胆沢公《いさわのきみ》阿奴志己《あぬしこ》等が「己等、王化に帰せんと思う」と懐柔している。

これらは八世紀後半〜末段階における志波村の蝦夷たちの史料上での様子であるが、考古学的にみえてくる志波村の様子について、古墳群と集落遺跡からみていきたい。

志波村の古墳群としては、藤沢狄森古墳群・白沢えぞ森古墳群（矢巾町）、太田蝦夷森古墳群

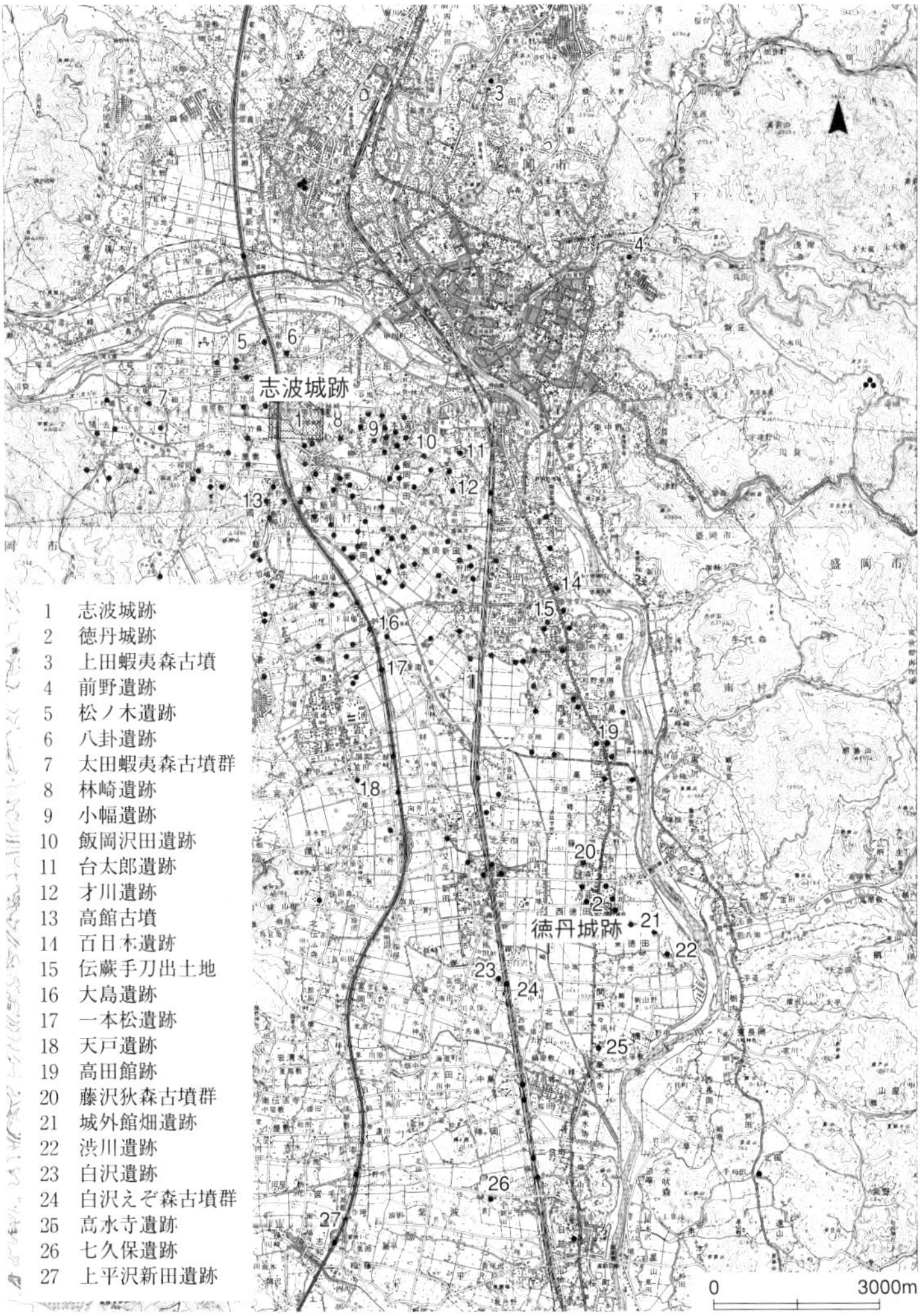
志波城跡
徳丹城跡
1　志波城跡
2　徳丹城跡
3　上田蝦夷森古墳
4　前野遺跡
5　松ノ木遺跡
6　八卦遺跡
7　太田蝦夷森古墳群
8　林崎遺跡
9　小幅遺跡
10　飯岡沢田遺跡
11　台太郎遺跡
12　才川遺跡
13　高館古墳
14　百日木遺跡
15　伝蕨手刀出土地
16　大島遺跡
17　一本松遺跡
18　天戸遺跡
19　高田館跡
20　藤沢狄森古墳群
21　城外館畑遺跡
22　渋川遺跡
23　白沢遺跡
24　白沢えぞ森古墳群
25　高水寺遺跡
26　七久保遺跡
27　上平沢新田遺跡
0
3000m

図10　志波城跡・徳丹城跡周辺の古代遺跡群

(盛岡市)が知られている。ただし、集落遺跡との組み合わせからみれば、藤沢狄森古墳群と徳丹城下層集落の実態が唯一の事例であるといえる。

さらに、集落遺跡では百目木《どめき》遺跡、台太郎遺跡(盛岡市)が大規模である。

また、衝角付冑《しょうかくつきかぶと》を出土した上田蝦夷森一号墳(盛岡市)がある。冑の年代は六世紀末~七世紀前半頃である。遺跡は雫石川合流地点の六キロ上流で北上川左岸に立地する。当該地域が古代において「志波村」だったかどうかはわからないが、近世では岩手郡である。

一方、盛岡市西南地区の飯岡沢田遺跡では、円形周溝をともなう九世紀代の墓壙が四五基調査されている。年代的には志波村の譜代の蝦夷たちのものではなく、律令の枠組みのなかに入った斯波郡段階のものである。『続日本後紀』承和二(八三五)年によれば、「俘囚《ふしゅう》吉弥侯《きみこの》宇加奴《うかぬ》、吉弥侯志波宇志《しわうし》、吉弥侯億可太《おくかた》等に、物部斯波連《もののべのしわのむらじ》を賜姓する」の記述があり、初めて「物部斯波連」一族の名が出てくる。後にこの一族は鎮守府の訳語《おさ》を務めた「永野《ながの》」なる人物まで輩出した。飯岡沢田遺跡の円形周溝墓群は「物部斯波連」にかかわる被葬者たちのものではないかと推察される。

藤沢狄森古墳群

志波村の古墳群のなかで最大かつ最古の古墳群である。徳丹城跡の北約一キロの矢巾町大字藤沢地区に所在する。遺跡の立地と環境は徳丹城跡と同じである。現在確認している古墳の数は八二基あるが、東西四〇〇メートル、南北三〇〇メートルの段丘全体では二〇〇基はあろうかと推定される。この古墳群は、一八六四(元治元)年の藤沢村絵図や、一七五一(寛延四)年に清水秋全《しみずしゅうぜん》が描いた『増補行程記』などに墳丘が描かれ、すでに藩政時代から知られていたが、現在、現存するのは岩手県指定史跡の一号墳

図11　藤沢狄森古墳群地形図・古墳分布図

だけである。
一九八五（昭和六一）年秋に行った発掘調査では、七世紀後半代を主体とする膨大な玉類や須恵器、鉄器等が出土した。それまで岩手県内に存在する終末期古墳とよばれる古墳群は、西根古墳などから出土した「和銅開珎」をもって八世紀代のものとして認識されていたが、この調査で初めてこの年代の古墳の存在が証明されたのであった。

古墳の基本的な構造は、遺体を埋葬する場所（主体部）の周囲に溝をめぐらせるもので、本来は墳丘をもっている。主体部は木槨型としての礫《れき》床《しょう》型と土壙型があり、石積を行う礫槨型はみられない。どちらも細長い長方形を呈し、地山面を掘り下げているが、主体部が遺存しないものもみられる。基本的には単葬で、追葬の痕跡を遺すものも発見されている。

周溝の形状は円形に近いが、方形に近いものも

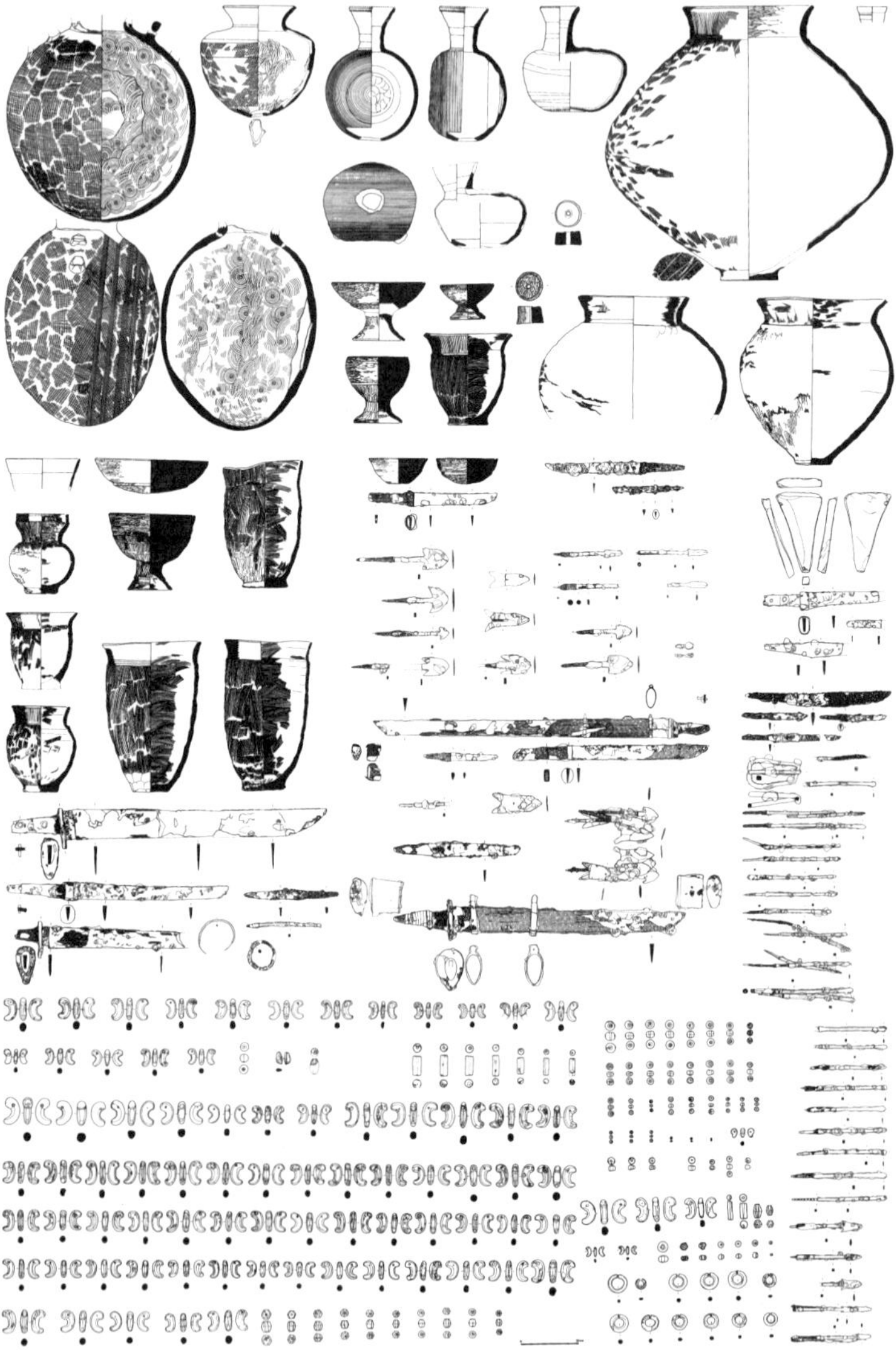

図12　藤沢狄森古墳群出土遺物集成図

あり、方墳状の墳丘も存在していた可能性が考えられる。また、南側の一部が切れて馬蹄形状を呈するものが多いが、切れないものもみられる。大きさは内径で、極小形三メートル、小形六メートル前後、中形八メートル前後、大形一〇〜一二メートル前後、超大形一六メートルであり、これらが一〇数基ほど組み合いながら小群を形成している。また、周溝をともなわない土壙だけのものもある。なお、周溝同士の重複はみられない。

図13　藤沢狄森3号墳発掘状況（北から）

　出土遺物には、土師器（坏・高坏・壺・甕）、須恵器（壺・提瓶《ていへい》・平瓶《へい》・フラスコ形提瓶・䃜《はそう》）、鉄器（太刀・方頭太刀・鞘尻金具・吊金具・鏃・刀子《とうす》・馬具）、金属製品（銅釧《くしろ》・錫《すず》釧・銅埦・銅環《かん》）、玉類（勾玉〔翡翠・碧玉・瑪《め》瑙《のう》・水晶・滑石・ガラス〕・管玉〔碧玉〕・切子玉〔水晶〕・算盤玉《そろばんだま》〔水晶〕・臼玉〔滑石・ガラス〕・丸玉〔瑪瑙・ガラス〕・小玉〔ガラス〕・蜜柑玉《みかんだま》〔ガラス〕・琥珀玉）、土製品（紡錘車）、石製品（砥石）、漆椀（？）がある。

　特徴的な遺物には、土師器では七世紀後半代の特徴をもつ胴部が算盤形に張り出す大形の壺がある。須恵器は大形提瓶がある。提瓶特有の一方が扁平胴ではなく、膨らみをもつ卵形に近い。産地は不明ながら、湖西産との指摘もある。

　太刀は細身の直刀が二振り、幅広で短い直刀が三振りある。なかに方頭金具と鞘尻金具、単足の吊金具、金銅吊金具を装着するものがある。鏃は豊富で、有茎式、無茎（有孔）式の二種ある。有茎式では長頸（柳葉・長三角・正三角・五角・鑿《のみ》

図14　藤沢狄森古墳群出土鉄器類

箭《や》）式が圧倒的に多い。鉄器総数一二五点中、刀六%、刀子一六%、鏃五四%、その他二四%である。なお、原材料としては、砂鉄の他に、含銅《がんどう》磁《ぢ》鉄鉱《てっこう》を用いたものが含まれている。

勾玉は翡翠製が七個で、なかに古式の丁字頭《ちょうじがしら》勾玉が含まれる。玉類を出土した古墳は、八二基中二号墳と五号墳だけで、なかでも五号墳主体部から一三〇〇個が出土している。ところが、玉類を保有する一方で鉄器は保有しないなど、副葬品の保有状況には偏りがみられ、かつて林謙作が述べた集団の差異についての蝦夷社会の原姿をここにみることができる。

徳丹城跡が立地する段丘の上には、藤沢狄森古墳群に眠る被葬者たちが営んだ集落（徳丹城下層集落）が展開しており、現在までに一二〇軒を超える竪穴住居跡を確認している。竪穴住居跡は重複状況から、少なくとも三時期の変遷が確認され

図15　徳丹城下層集落の竪穴住居跡（SI749、第42次）

る。土器の年代観でも、七世紀後半、八世紀前半、八世紀後半と大別三時期ある。主体は七世紀後半段階で、八世紀後半段階はかなり希薄となる。藤沢狄森古墳群のあり方とおおむね一致する。

竪穴住居跡は隅丸の方形を呈し、大きさは極小形で一辺二～三メートル弱、小形三～四メートル、中形五～六メートル、大形七～八メートル、超大形九・六メートルである。これらが一〇数軒組み合って小群を形成している。ただし、超大形住居は一二〇軒中一軒しか確認されていないため、どの小群にでも存在する規模の住居跡ではない。

数軒の例外を除き、ほとんどが北からやや西に傾いた方向に主軸をもち、北壁中央に竈《かまど》をもつ。煙道は外に長く伸びる特徴をもつ。

出土遺物には、土師器（坏・高坏・壺・甕・甑《こしき》・長胴扁平土器）、須恵器（壺・提瓶）、土製品（ミニチュア土器・紡錘車・丸玉・勾玉）、石製品（砥石・紡錘車）、黒曜石剥片がある。

特徴的な遺物には、土師器甕の頸部外面に鋸歯《きょし》状沈線や斜格子状沈線が入ったものがある。黒曜石と伴出しており北方系の遺物とみられる。また、長胴扁平土器とよんでいる特異な器形を呈する土器がある。竈の両袖に塗り込めてあった状況からみて、竈の祭祀にかかわる遺物であろう。須恵器では、扁平胴をもつ典型的な提瓶が出土している。

白沢えぞ森古墳群

徳丹城跡の西約三キロにある古墳群。実態はよくわからないが、小形・大形規模の周溝が四基確認され、主体部は土壙型が一基あった。

出土遺物には、黒色処理された土師器のフラスコ瓶と主体部から出土したガラス小玉や管玉（滑石）がある。フラスコ瓶は、藤沢狄森古墳群から出土しているような須恵器フラスコ瓶の写しとみられ、年代的には七世紀末〜八世紀初め頃であろう。

集落についての実態はわからない。

蕨手刀出土地と百目木遺跡

盛岡市三本柳地区でかつて蕨手刀が出土しているが、古墳の実態は把握されていない。

蕨手刀が出土した地点から北東へ約一キロの低位段丘上に、百目木遺跡という集落遺跡がある。志波城跡と徳丹城跡のほぼ中間点に位置する遺跡で、七世紀末〜十世紀中葉頃の竪穴住居跡が七一軒確認されている。このうち七世紀末〜八世紀代の竪穴住居跡は四〇軒弱あるが、八世紀代が主体である。

出土遺物には土師器（坏・高坏・壺・甕）、土製品（勾玉・紡錘車）がある。

この遺跡の近傍では、この時期の古墳群は発見されていない。

台太郎遺跡

集落は、志波城跡の東方約三キロの低位段丘上に立地する。遺跡の一キロ北側で北上川と雫石川が合流する。現在、七世紀末〜十世紀後半の竪穴住居群約六〇〇軒が発見されている。このうち七世紀末〜八世紀代の竪穴住居群は一五〇軒ほどあり、徳丹城下層集落を凌ぐ規模である。

注目される出土遺物には、湖西産とされる小形の須恵器平瓶がある。

太田蝦夷森古墳群

本古墳群は、志波城跡の西方約三キロの低位段丘上に立地する。二基の石積石室が調査されているが、ほかにも三〜四基ほどの存在が確認されている。周溝は直径八〜一〇メートル大で、南側で切れるタイプである。

出土遺物には、直刀、蕨手刀、丸鞆《まるとも》・巡方《じゅんぽう》の帯金具、玉類、和同開珎などがあることから、年代観としては八世紀代が考えられる。

志波城跡の北八〇〇<ruby>トル</ruby>《メー》に位置する八卦《はっけ》遺跡は、太田蝦夷森古墳群とのかかわりでとらえられている集落遺跡である。雫石川右岸の沖積地の微高地上に立地し、シルト層土が厚く堆積している状況から遺跡の内容はよく把握されていない。

2 遺跡からみた志波城設置以前

紫波郡内では、藤沢狄森古墳群と徳丹城下層集落の組み合わせを凌ぐ遺跡群は発見されていないことから、当地域が七世紀後半～八世紀前半代における志波村の中心集落の一つだったと推察される。また、古墳群の実態は不明ながら時期的にやや下る百目木遺跡や台太郎遺跡なども中心集落の一つだった。このことから、前出で「蟻のごとく結びて」と記される志波村は、中心的な一集落による一極的な領有ではなく、複数集落による多極的な領有という形で、同族同士の住み分けがなされていたことがわかる。これは承和二（八三五）年に「俘囚吉弥侯宇加奴、吉弥侯志波宇志、吉弥侯億可太等に、物部斯波連を賜姓する」（『続日本後紀』）と記されることからも推察され、中心的な複数集落の代表者がいたようである。

集落の構成は基本的に大形住居を核とし、中形住居一～二軒、小形住居五～六軒が張り付き、一〇軒前後の組み合わせで小群を形成してくる傾向にある。多くの場合、竈は北壁につくり、方向軸をきれいに揃えてくることから、同じ考え方を共有する血族関係で結びついた蝦夷集落の小単位とみることができる。このような単位が複数集合して中単位、大単位としての集落を形成してくる。このあり方は、古墳群にも投影されてくる。

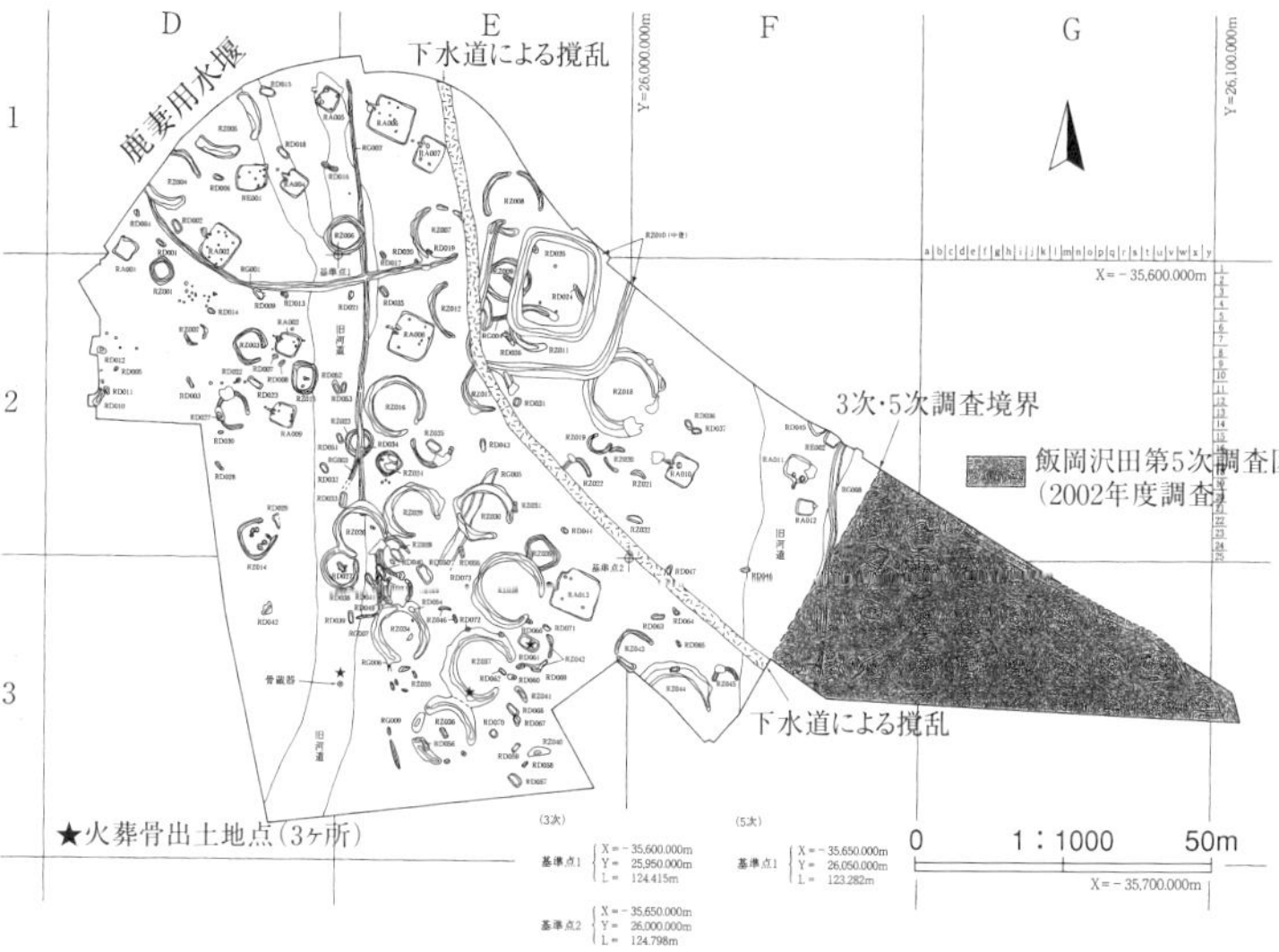

図16　飯岡沢田遺跡遺構全体図

遺物の保有状況では、質・量・特異性のどれをとっても大形住居が他を圧していることから、家長あるいはそれに準ずる者の住居であり、徳丹城下層集落の超大形住居などは首長級の住居である可能性が高い。また、北上川に近い集落では鉄製ヤスや土製錘《すい》など漁労にかかわる遺物があり、他にも普遍的な遺物として紡錘車など多種存在し、蝦夷社会が職業未分化な集団内生業の段階だったことを物語っている。この時期の鉄器は、集落から出土するよりも古墳から出土するものがはるかに多い。

なお、前述のように藤沢狄森古墳群と太田蝦夷森古墳群との中間地域、いわゆる台太郎遺跡の集落が形成されている地域に今のところ古墳群は確認されていない。台太郎遺跡は距離的に飯岡沢田遺跡に近いことから関連深い遺跡であろう。また、徳丹城下層集落が後に拡散する状況にあり、藤沢狄森古墳群内に、後続する九世紀代の円形周溝墓群がみられない実態をみれば、志波村の主体が飯岡沢田遺跡を中心とする盛岡市西南地域に移っていったとみられる。

Ⅳ　志波城跡——最大の城柵

1　研究史—太田方八丁遺跡から志波城跡へ

擬定地

紫波郡内を中心に、稗貫郡などに五カ所の擬定地があった。

また、藩政時代から明治年間には、『邦内郷村志』や絵図、あるいは地元の口伝などで「方八丁」と呼称されてきた古跡があったが、ほとんどは「八幡殿陣場」とか「方八丁屯営」「源頼義朝臣攻厨川之屯地」「義家公陣営」「源義家の御陣場なり」等々、源頼義・義家の前九年の役にかかわる古跡としてだけの認識だった。

大正に入り、これらは菅野義之助によって、太《おお》田《た》方《ほう》八《はっ》丁《ちょう》の築造年代は前九年の役の時代のものではないと否定されたが、志波城にかかわる古跡だという認識まではいたらなかった。

その後、小笠原謙吉によって蝦夷征討期の遺跡ではないかという説が出されるも、確証を得ぬまま昭和の時代を迎えた。

太田方八丁遺跡

一九五六（昭和三十一）年、岩手大学の板橋源や岩手県文化財専門委員の田中喜多美らによって、太田方八丁遺

表2　志波城跡擬定地一覧

	所在地				文献		
1	紫波郡	紫波町	古舘	城山説	三輪秀福	『旧蹟遺聞』巻3（南部叢書第7冊所収）	文化4頃
					阪牛助丁		
					梅内祐訓		
2	稗貫郡	花巻市		鳥谷が崎説	伊能嘉矩	遠野史叢　第1編	大正10
3	紫波郡	紫波町	日詰	大日堂説	小笠原謙吉	岩手県史跡名勝天然記念物調査報告　第2号	大正12
4				陣が丘説	藤原相之助	日本先住民族史	大正5
5			古舘	新田説	菅野義之助	史潮　6号2巻	昭和11

跡の現地踏査が行われ、「古代蝦夷征討期の開拓基地」説が打ち出された。とくに、板橋が注目したのは「ドテッパタケ」と地元民が呼称する高まりが土塁状に残っていたことであった。板橋はこれを「南辺の土塁」とみていたが、後に築地の痕跡であることがわかり、同時に外郭南門跡が発見されたのである。

　一九六五（昭和四十）年、日本道路公団から東北縦貫自動車道の建設計画が、太田方八丁遺跡地内の西側を南北に通過する旨示された。

　一九七六（昭和五十一）～一九七七（五十二）年、岩手県教育委員会による太田方八丁遺跡の発掘調査が実施された。一九七六（昭和五十一）年の発掘調査では、早々に南辺の築地やそれを跨ぐ櫓建物、竪穴住居跡群などが発見された。古代城柵である可能性が高まったことを受け、文化庁、岩手県教育委員会、日本道路公団による築地などの遺構の保存協議が行われた。

　一方、盛岡市教育委員会では、一九七七（昭和五十二）～一九七九（五十四）年の三カ年において、当時遺跡周辺で計画されていた農業基盤整備事業や市街化に対応するための「太田方八丁遺跡発掘調査三カ年計画」を策定し、一〇次一八カ所の調査を実施している。

そして志波城跡へ

　その結果、政庁と外郭の位置が確認され、正殿や西脇殿、西門や南門などが確認された。第五回古代城柵官衙遺跡検討会（一九七九年）では「太田方八丁遺跡の性格について」という検討がなされ、ついに「太田方八丁遺跡」から「志波城」へと認知されるにいたった。

その後、盛岡市教育委員会による発掘調査は継続され、二〇〇六（平成十八）年度時点で第一〇〇次調査が実施されている。

2　国指定史跡と保存管理計画の策定

一九八四（昭和五十九）年九月十四日、国の文化財保護審議会の答申により志波城跡は正式に国の史跡として指定された。その面積は六三万五九七七・六四平方メートルである。

一九八八（昭和六十三）年、史跡保護をとおして盛岡市の文化的向上に資することを目的に、史跡志波城跡保存管理計画策定委員会が設置され「保存管理計画」が策定された。

3　志波城跡の発掘調査成果

（一）位置・立地

志波城跡は盛岡市下太田・中太田その他に所在する。ここは北上川と雫石川との合流地点から、雫石川の上流部へ五キロさかのぼった右岸にあたり、現在の雫石川とは直線で二キロの距離がある。東北自動車道が遺跡西端を南北に縦断する。

遺跡は、雫石川右岸に形成された低位段丘上に立地するが、周囲の沖積地とは目視的にほとんど差のない平地である。遺跡の北側は、雫石川に浸食された地形を留めている。この地形の北西部から遺跡の内部に向かって小河川の旧河道が蛇行して入り、北東部へ抜けている。第二二次補足調査

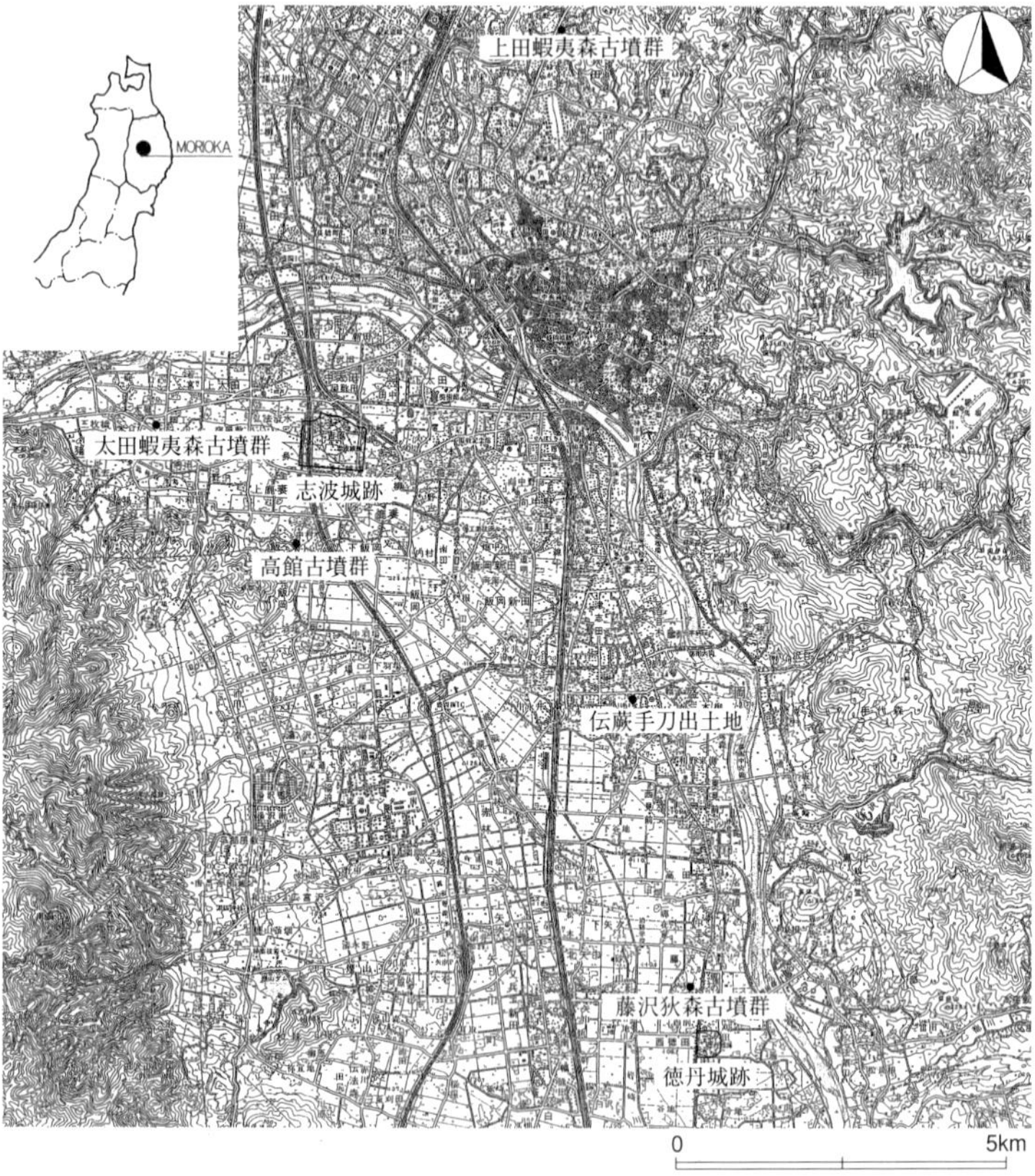

図17　志波城跡位置図

によると、この旧河道の底から志波城期の土器が出土したことから、当時城内に取り込まれていた自然河川だったことが判明している。

　十六世紀終末、志波城跡の上流三キロの盛岡市上太田字猪《い》去《さり》「穴口」という地点から、一〇キロ下流の徳丹城跡がある徳田村まで四〇メートルの落差で流れる用水路が開鑿された。これは雫石川氾濫平野を網状に這う小河川を改修して通されただろうが、必然的に雫石川は南東方向へと暴れるため、志波城はきわめて不安定な右岸に築かれたことがわかる。

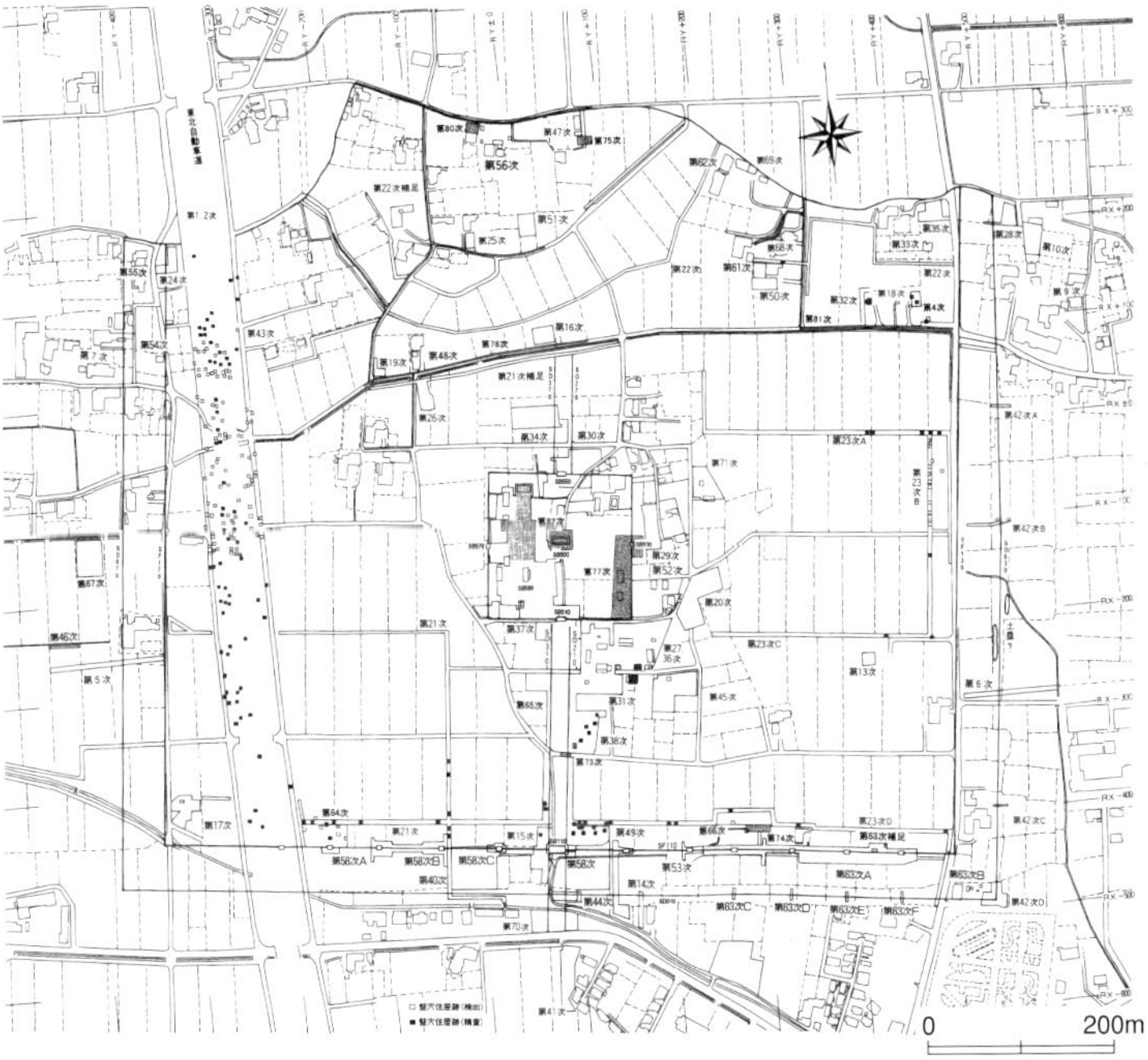

図18　志波城跡全体図

なお、北上川との合流地点までの右岸には、太田蝦夷森古墳群（八世紀）・林崎遺跡（九世紀後半～十世紀後半）・小幅遺跡（八～十世紀中葉）・台太郎遺跡（七世紀末～十世紀後半）・飯岡沢田遺跡（九世紀後半～十世紀前半）・才川遺跡（九世紀後半）などの遺跡群が立地している。

（二）規模・構造の概要

志波城跡は、古代城柵遺跡のなかでは国府多賀城跡にも匹敵する大規模な城柵である。主軸を真北に対し六度三〇分ほど東にとり、一辺八四〇メートルの築地《ついじ》大垣《おおがき》で区画された内外には大溝がめぐり、さらに外側には一辺九二八メートル規模の外大溝が土塁《どるい》をともないめぐっている。南辺と東辺ではさらに一〇八メートル外側に大溝が確認されており、外郭《がいかく》に三重区画をもつ堅固な城柵だったことがわかる。南辺築地大垣の中央には城柵では最大規模の五間門が建ち、ほぼ六〇メートル間隔で付く櫓《やぐら》も確認されている。

遺跡中心部のやや南寄りの位置には政庁《せいちょう》がある。一辺一五〇メートルの築地大垣で区画され、その内外には溝がめぐる。他の城柵に例を見ない最大の政庁といえる。内部の広い空間には、中央に正殿が、正殿の前方東・西には脇殿《わきでん》が配される。この基本形は他の城柵と変わらないが、周囲の空間には四面廂建物や倉庫など一一棟の建物群が建つ特異な様相である。

政庁の周囲には、東官衙、南東官衙、南西官衙が確認されている。今のところ個別に区画する施設は確認されていない。

また、志波城跡の最大の特徴に「鎮兵の居住域」といわれる一画がある。それは外郭築地大垣の内側に沿った幅一〇八メートルの帯状の範囲で、そのなかに一〇〇〇〜一二〇〇軒ほどの竪穴住居群の存在が推定されている。このうち現在は二五〇軒ほどが確認されている。

特徴的な出土遺物には、鎮兵の出身地とみられる地名を記した墨書土器がある。鉄器も多く、とくに鉄鏃が多い。また、精錬炉の炉壁片の存在も重要である。

以下、やや詳細にみていくことにする。

(三) 外郭線の発見遺構

外郭線は、雫石川に浸食され失われた北辺以外の三辺で確認されている。遺構群の構成としては、築地大垣、築地外溝、築地内溝があり、南門、櫓が付属する。また、築地線の四〇メートル外側を九二八メートル規模でめぐる外大溝と、さらに一〇八メートル外側の大溝も重要な区画要素であろう。

築地大垣

東辺と西辺は道路敷きの下にあるために未確認で、南辺だけが確認されている。調査では、基壇《きだん》、掘り込み地形《じぎょう》、小柱穴列、積土本体が確認されている。まず、地盤を削り出して基壇を構築し、この基壇の上面を掘り込んだ基礎地形が行われ、その上に築地大垣は築かれる。それによると基底幅は二・四メートルあり、この基底幅に揃う形で、堰板を固定するための枠組みの柱痕跡も確認されている。

『延喜式』の「木工寮式築垣条《もっこうりょうしきついがきのじょう》」の規定では、基底幅二・四メートル（本径八尺）の規定はないが、「高一丈三尺。本径六尺。末径四尺。」という規定から類推すれば、高さは一六～一七尺（四・八メートル～五・一メートル）と推定される。ところが、この高さでは外郭南門の屋根高（一五～一六尺）よりも高くなるらしい。

そこで盛岡市教育委員会では、築地大垣の屋根高は一五尺が限度であり、屋根を除いた積土の高さは一三尺程度が妥当とした史跡整備を行っている。また、志波城跡からは屋瓦《おくが》の出土はないことから、屋根には上げ土を用いている。

築地大垣内・外の溝跡

築地大垣の内と外を走る溝を築地内溝・築地外溝と呼称し、北辺を除く各辺で確認している。

築地内溝も、築地外溝も幅、深さともに一様ではない。これは築地大垣の積土の土取り穴として掘られた後の整形を行っていないためとみられる。また、志波城跡の溝跡の特徴は、胆沢城跡や徳丹城跡のように門や櫓の位置で屈曲しないことである。

なお、おもに外溝の中位層～上層には、水害の痕跡か、水成堆積層が観察されている。

九二八メートル規模の外大溝と土塁

外大溝の存在は志波城跡の特徴であり、胆沢城跡や徳丹城跡では確認されていない。北辺を除く各辺で確認されており、このうち東辺部では溝の両岸に土塁状の高まりが現存している地点がある。上幅は五〜一〇メートルで、深さは〇・八〜一・七メートルと地点によって一様ではない。南辺中央には橋脚の一部とみられるクリ材が残っていた。上層には水害の痕跡か、水成堆積層が観察されている。

なお、外大溝の一〇八メートル外側の大溝については、南辺と東辺で確認されているが、詳細はわからない。

外郭南門跡

桁行《けたゆき》五間（九尺+九尺+一四尺+九尺+九尺）、梁間《はりま》二間（一〇尺等間）の五間一戸《ごまいっこ》の櫓門《やぐらもん》である。この規模の外郭南門は、胆沢城跡以外には類例がなく、ともに古代城柵のなかでは最大規模の門である。柱は抜取られているが、太さは四五センチと推定されている。また、門扉が取り付く中央間の両翼には「地覆《じふく》」が据えられた痕跡が確認されている。さらに柱を抜き取った穴のなかから白土が出土したことから、地覆上の壁が白壁だった可能性も指摘されている。屋瓦は出土していない。

道　跡

城外道路としては、外郭南門の築地外溝から外大溝を三〇メートル通り過ぎた地点までほぼ七〇メートル、二条の側溝が確認されている。幅員は一八メートル（六〇尺）。路盤の地形《じぎょう》の痕跡は残っていない。

また、城内道路としては、南大路と北大路が確認されている。南大路は外郭南門の築地内溝から政庁南門の築地外溝まで二三〇メートルで、幅員は城外道路と同規模の一八メートルである。北大路も同規模であり、北へ一二〇メートルの地点まで確認されている。

櫓建物

全体で五二棟の存在が推定される。

南辺全体では一二棟のうち、外郭南門を挟んで東側で六棟、西側で五棟が確認されている。この一一棟はいずれも桁行二間、梁間一間で、梁間で築地大垣を跨いでいる。ほぼ六〇《メートル》間隔に取り付くが、徳丹城跡よりも狭い。柱間寸法は基本的には桁行六《メートル》（二〇尺）、梁間四・二《メートル》（一四尺）であるが、桁行が二一尺や二二尺に近い数値もみられる。柱の太さは三〇〜五〇《センチ》程度である。

竪穴住居跡群

外郭線の築地大垣の内側に沿った幅一〇八《メートル》の範囲に、竪穴住居群が集中する鎮兵の居住域がある。現在、二五〇軒強が確認されており、城内全域では一〇〇〇〜二二〇〇軒ほどが推定されている。他の城柵には見られない特徴である。

竪穴住居跡は一辺四《メートル》前後の小形の正方形を呈するものが主体を占めるが、長方形のものもある。小鍛冶工房《こかじこうぼう》を抱える住居には大形（一辺七〜八《メートル》）や中形（一辺五〜六《メートル》）のものがある。竈のタイプは煙道が長く延びる「地元型」が六割強で、四割弱は煙道が短い「坂東型」である。竈にはつくり替えているものや住居跡そのものが重複しているものがあり、さらに居住期間に幅があることから、停止後の残留隊の可能性が指摘されている。

保有する土器組成は、土師器・須恵器の坏などに加え、官衙的な須恵器双耳坏《そうじはい》・稜埦《りょうわん》・蓋・高《こう》台盤《だいばん》・硯などがある。また、「北陸甕」とよばれる長胴で砲弾形を呈するあかやき土器もある。これらのなかには、在地型の土師器甕が四割強の比率で混じっている。

志波城跡で特筆されるのは、鉄器の多さである。なかでも鉄鏃等の武器が多く、比して農具が少ない。さらに墨書土器も少ない。居住域に鎮兵がいたことを如実に現している。

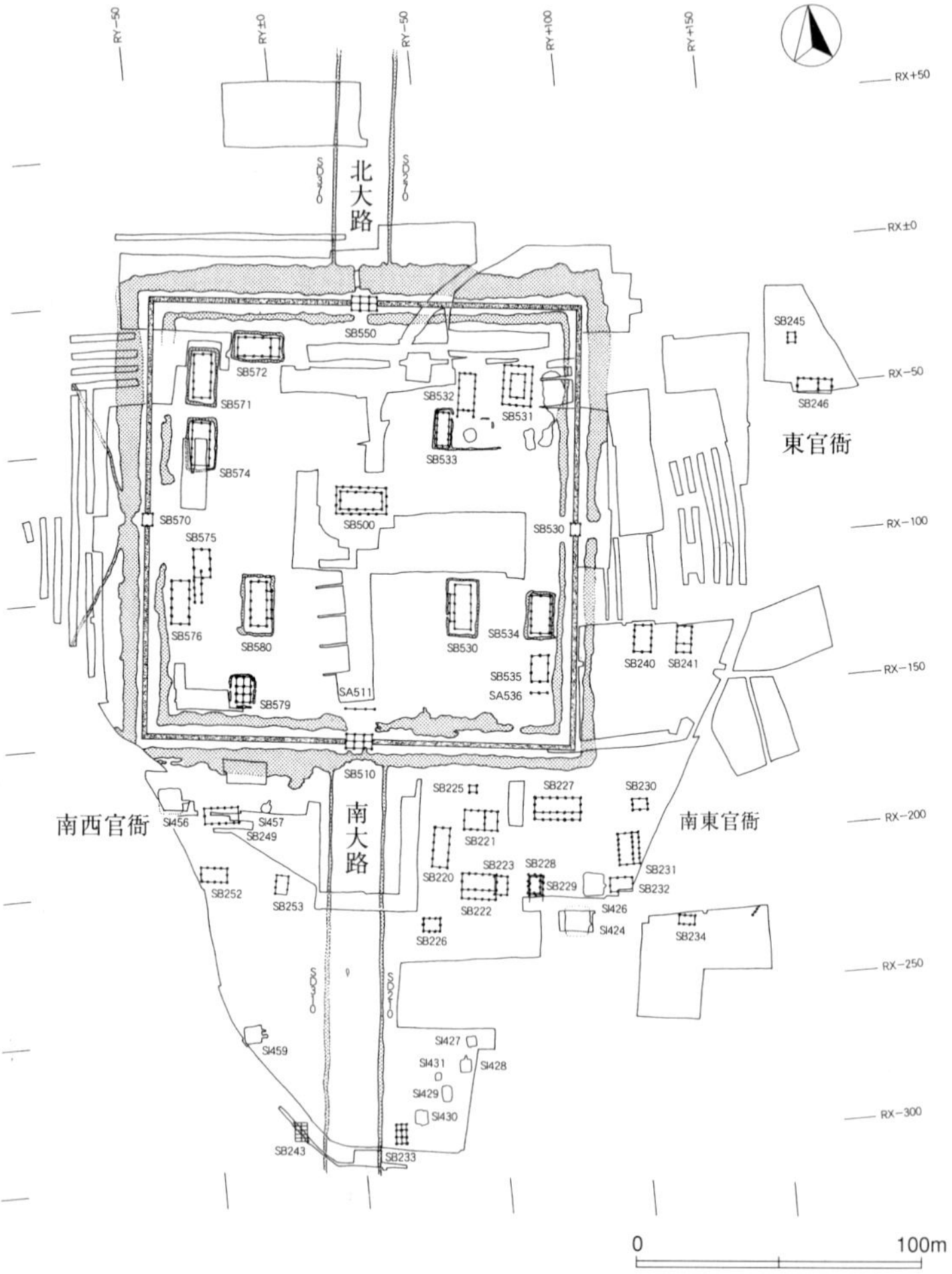

図19　志波城跡政庁・官衙域全体模式図

図20　復元された政庁南門

(四) 政庁の発見遺構

政庁は、遺跡中央部のやや南寄りの位置にある。これは北辺から蛇行して入る自然河川を南へ避けた結果であろう。城内に九蔵川を取り込む胆沢城跡と共通するが、北寄りの位置にある徳丹城跡とは異なっている。

政庁の構成は、区画施設、築地大垣内・外の溝、門、目隠し塀、正殿、脇殿、その他の建物群からなる。なお、志波城の存続期間は九年と短期であるが、この間に造営期から完成期を経て、改修期が存在することが報告されている。

区画施設　一辺一五〇メートルの築地大垣が四周で確認されている。積土本体は残っていないが、状況証拠として地形の痕跡と小柱穴列が確認されている。基底幅は一・八メートルで、外郭線よりは小規模なつくりである。史跡整備のなかでは二・七六メートルの高さで復元されている。

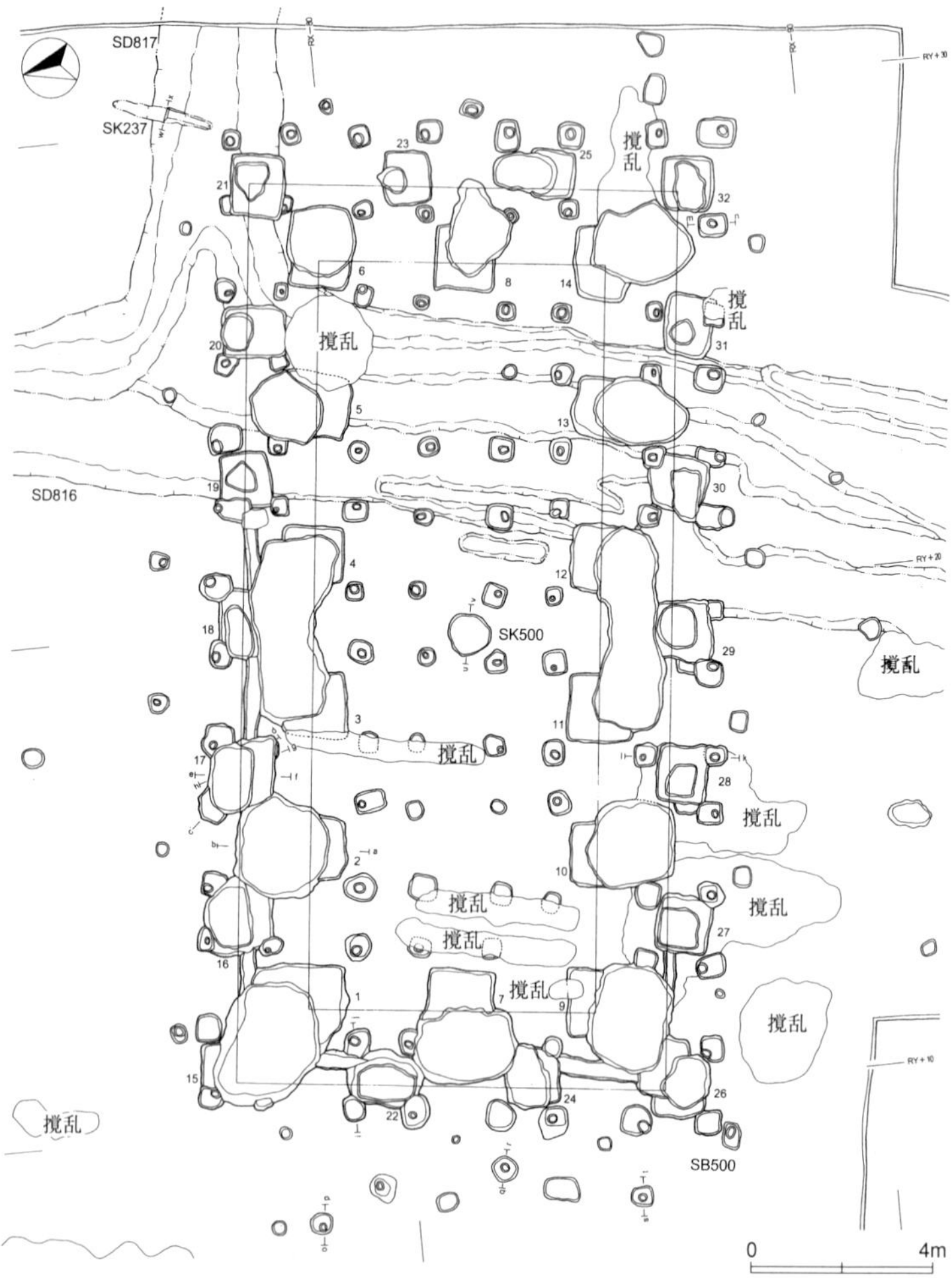
SD817
SK237
21
23
25
撹乱
32
6
8
14
撹乱
20
31
5
13
SD816
19
30
4
12
18
SK500
29
撹乱
3
11
撹乱
17
28
撹乱
2
10
撹乱
撹乱
16
27
1
7
撹乱
9
撹乱
15
22
24
26
撹乱
SB500
RY+30
RY+20
RY+10
0
4m

図21　正殿跡実測図

築地大垣の内・外の溝跡

外郭線同様、築地内溝・築地外溝と呼称している。ともに幅や深さ、門前で切れる幅は一様ではない。掘削後の整形は行われず、土坑状に凸凹している。北辺部の内溝・外溝は、ともに改修工事が行われ、とくに外溝は幅を広げ、門前も整地して土橋を造成している。外溝で観察される水成堆積は、内溝では観察されない。

政庁の門跡

東門と西門は、ともに創建当初は棟門であり、その後四脚門に改修され、最終的にすべての柱が抜取られている。南門と北門はともに八脚門《やつあしもん》である。最終的に柱が抜取られていることから、八脚門として変遷を終えている。ただし、北門は溝の改修後に八脚門として建て替えられているので、前身の門、つまり創建当初の門があったはずである。それが棟門だった可能性も考えられるが、同じ八脚門であっても問題はない。それは南門についても同様である。

目隠し塀跡

南門の内溝の内側で、ちょうど内溝が切れた幅だけ、四本の掘立柱からなる塀が確認されている。史跡整備では南門の桁高と同じ三・三メートルで復元されている。

正殿跡

区画の中心からやや北寄りの位置に配置される東西棟である。桁行五間（一〇尺等間）、梁間二間（一〇尺等間）の身舎に廻縁《まわりえん》が付く。縁柱の出は一・五メートル（五尺）である。柱はすべて抜き取られる。抜き穴に白土が入り込んでいる状況から、白壁だったことが考えられる。床束柱《ゆかづかばしら》は確認されていないが、建設時の総柱状の足場穴から判断し、通常の建物よりも高床の建物だったのではないかと指摘されている。

東・西脇殿跡

正殿前方の東と西に向かい合わせで配置される南北棟である。ともに桁行五間（一〇尺等間）、梁間二間（一〇尺等間）の身舎をもち、向かい合う内側の中三間分だけに縁をもつ。縁柱の出は一・三五メートル（四・五尺）である。床束柱をともなっていることから、床張りの建物だったことがわかる。柱のすべては抜き取られるが、一度に二本を抜き壁ごと倒すような大胆な仕事の状況である。建物の周囲には雨落溝がめぐり、この溝や柱の抜き穴から白土が出土していることから、脇殿も白壁だったことが推察される。

なお、西脇殿の縁柱や雨落ち溝に重複が認められ、一部改修が行われている。

その他の建物跡群

正殿、脇殿の周囲に配置される一一棟の建物群であるが、前殿《ぜんでん》、後殿《こうでん》はない。構成をみると、正殿の北東部に南北棟が三棟ある。うち一棟は四面廂《しめんびさし》建物であり、特異な存在である。北西部には大形建物が三棟逆L字形に並ぶ。西脇殿の西には南北棟が二棟、南には倉庫が一棟、東脇殿の東には南北棟が二棟建つ。

（五）官衙域の発見遺構

政庁まわりに、掘立柱建物跡が集中する官衙域が形成されている。現在までに東官衙・南東官衙・南西官衙が調査されている。この官衙域の建物群は、どの官衙も政庁区画の傍まで近接して建てられている。

東官衙

外郭東門から政庁東門までの城内道路を間に挟む形で南北に二棟ずつ確認されているが、全体の配置、構成、区画施設などはわかっていない。

南東官衙

掘立柱建物跡一五棟と竪穴住居跡七軒からなるが、区画施設をもたない。掘立柱建物は東西棟・南北棟が同数程度組み合う配置である。廂をともなうものが四棟、間仕切り建物が一棟あるが、雑舎も多い。とくに第一〇〇次調査では二面廂建物が確認されている。二面廂建物の東側に簡易な塀が確認されていることから、その辺りがこの官衙の東限と推定される。また、重複する建物や方位をやや違える建物の存在から、二時期の変遷が考えられる。竪穴住居跡は、外郭の築地大垣に沿ってある鎮兵の住居群よりは大形であり、鉄滓《てつさい》などが出土している状況から工房を抱えたものであろう。

南西官衙　掘立柱建物跡三棟と大形の竪穴住居跡を含む二軒の竪穴住居跡が確認されているが、全体の配置、構成、区画施設などはわかっていない。南東官衙よりは密度が希薄である。また、政庁区画に近接する形で竪穴住居跡が存在している状況は特徴的であり、徳丹城ではみられない。

その他の建物　鎮兵の居住域との境界部で、南大路を挟み向かい合う形で確認されている総柱の建物は、倉庫、あるいは高床の儀式的な、象徴的な建物であろうか。

（六）政庁と官衙域の変遷

津嶋知弘は、志波城の九年間には一つの可能性としてa（造営）期、b（完成）期、c（改修）期、d（廃城）期が存在すると述べる。これは遺跡の軸線（六度三〇分東へ傾く方位）とのかかわり、あるいは柱の抜き取りの有無とその頻度といった視点において、政庁内（A～C群）と官衙域（Ⅰ～Ⅱ期）での建物群のグループ分けの上に成り立っている（図19）。

ただし、大きな視点で見るとa期とb期、c期とd期を分けて設定する必然性はなく、九年間という一つの括りのなかで行われた部分的な改修行

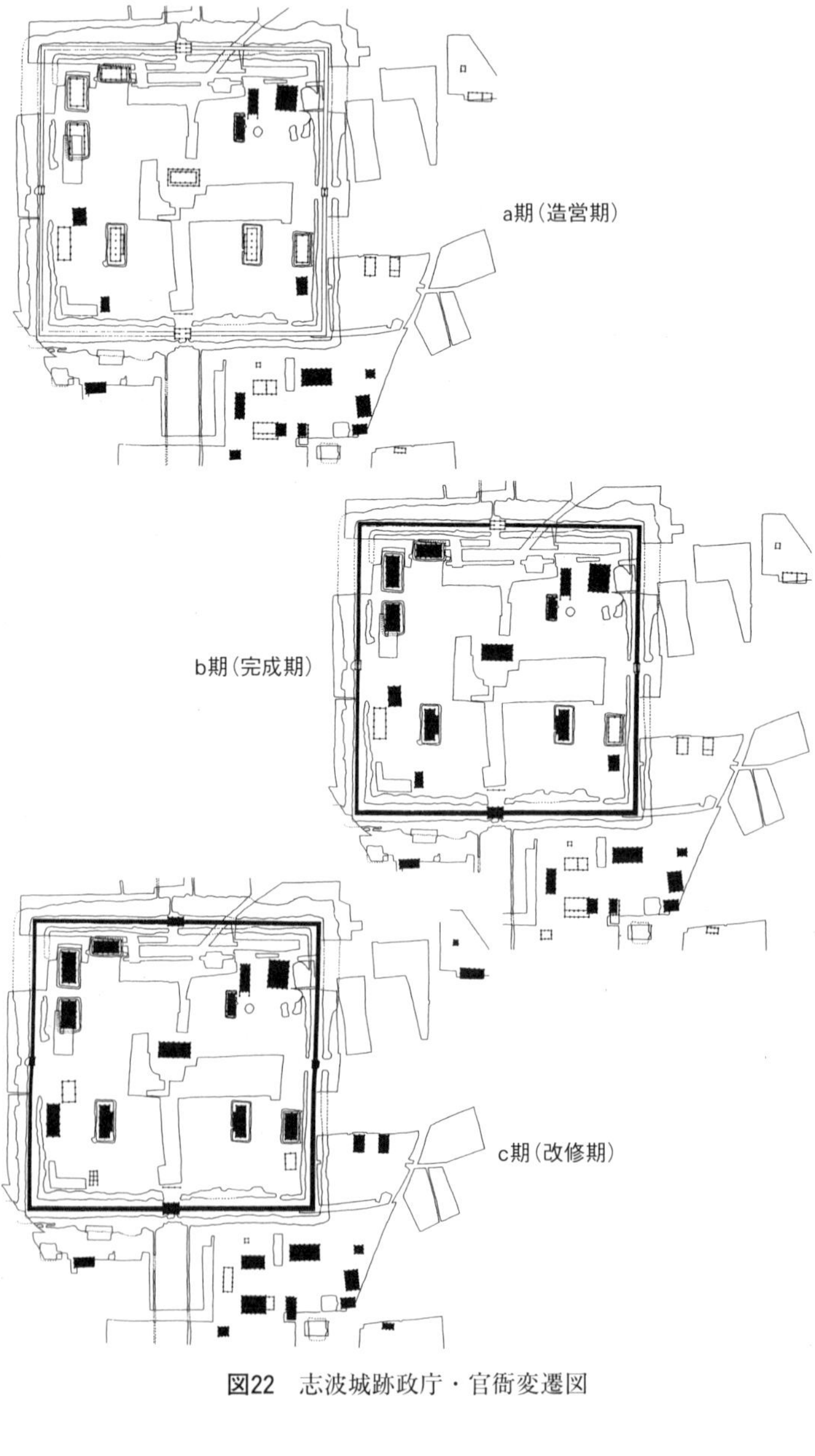

図22　志波城跡政庁・官衙変遷図

表3　政庁等変遷について

		政　庁			官　衙					
		A群	B群	C群	東官衙		南東官衙		南西官衙	
					Ⅰ期	Ⅱ期	Ⅰ期	Ⅱ期	Ⅰ期	Ⅱ期
		軸線に揃う		揃わない	揃わない	概ね揃う	揃わない	概ね揃う	揃わない	概ね揃う
柱抜き取り穴の有無と多少	有	SB500 SB540 SB580 SB530 SB570 SB510 SB550 SB534 SB576								
	多					SB240 SB241 SB245 SB246		SB221 SB222 SB229		SB252
	少		SB571 SB572 SB574	SB531 SB532 SB533 SB535 SB575 SB579			SB220 SB223 SB226 SB227 SB228 SB230 SB231 SB232 SB234 SB255 SA256		SB249 SB253	

為という理解でよかろう。

a（造営）期では、軸線が揃わないC群の建物群によって構成されている。この段階ではまだ区画施設は築造されていない。そのため築地大垣の規制を受けることがなかったC群建物は軸線に揃わなかった。これは政庁周辺の官衙域の建物群も同様でⅠ期建物群で構成されてくる。このなかに工房を抱えた大形の竪穴住居跡が入ってくることから、これらの施設は主要舎殿に先行して置かれた造営にかかわる施設と考えられている。

なお、造営にかかわる施設に、「造志波《ぞうしわ》城所《じょうしょ》」（『日本紀略』延暦二十二〔八〇三〕年二月十二日条）と記される施設がある。これに即座に結びつけることはできないが、可能性は大いにある。「造志波城所」

表4　政庁官衙変遷対照表

			政庁の時期変遷			
			a期	b期	c期	d期
			造営期	完成期	改修期	廃城期
城　内					北大路整備	
政　庁				区画施設		
					築地外溝拡幅	
		A群		SB500 ----	---- 縁改修 ----	---- 解体
				SB540 ----	---- 縁改修 ----	---- 解体
				SB580 ----	---- 縁改修 ----	---- 解体
				SB530A →	SB530B ----	---- 解体
				SB570A →	SB570B ----	---- 解体
				SB510 ----	----------	---- 解体
				SB550A →	SB550B ----	---- 解体
					SB534 ----	---- 解体
					SB576 ----	---- 解体
		B群		SB571 ----	----------	撤去？放置？
				SB572 ----	----------	撤去？放置？
				SB574 ----	----------	撤去？放置？
		C群	SB531 ----	----------	----------	撤去？放置？
			SB532 ----	----------	----------	撤去？放置？
			SB533 ----	----------	----------	撤去？放置？
			SB535 ----	----------	---- 撤去	
			SB575 ----	----------	---- 撤去	
			SB579 ----	----------	---- 撤去	
官衙	東官衙	Ⅰ期				
		Ⅱ期			SB240 ----	---- 解体
					SB241 ----	---- 解体
					SB245 ----	---- 解体
					SB246 ----	---- 解体
	南東官衙	Ⅰ期	SB220 ----	----------	---- 撤去	
			SB223 ----	----------	---- 撤去	
			SB226 ----	----------	----------	撤去？放置？
			SB227 ----	----------	----------	撤去？放置？
			SB228 ----	----------	---- 撤去	
			SB230 ----	----------	----------	撤去？放置？
			SB231 ----	----------	----------	撤去？放置？
			SB232 ----	----------	----------	撤去？放置？
			SB234 ----	----------	----------	撤去？放置？
			SB255 ----	----------	----------	撤去？放置？
			SA256 ----	----------	----------	撤去？放置？
		Ⅱ期			SB221 ----	---- 解体
					SB222 ----	---- 解体
					SB229 ----	---- 解体
	南西官衙	Ⅰ期	SB249 ----	----------	----------	撤去？放置？
			SB253 ----	----------	----------	撤去？放置？
		Ⅱ期			SB252 ----	---- 解体

には越後国から「米三十（三千カ）斛と塩卅斛」が運輸されている。この量は近世の俵換算で「米七五〇〇俵、塩七五俵」に相当する。これらを収納した倉庫群でも確認されれば、「造志波城所」の可能性は高まってくると推察される。

b（完成）期では、区画施設とA群・B群の建物が完成する。ただし、東・西脇殿それぞれの後方建物はまだ配置されていない。なお、a（造営）期のC群建物や官衙域のⅠ期建物群は存続してくる。

c（改修）期では、北門が八脚門へ、あるいは東・西門が棟門《むなもん》から四脚門《よつあしもん》へ建て替えられ、新たに東・西脇殿の後方建物が配置される。また、正殿と脇殿の縁まわりや北大路の改修、築地外溝の拡幅などが行われている。これと同時に政庁内の南半部のC群建物、つまり東脇殿の南の建物一棟と、西脇殿の北西ならびに南の二棟の建物が撤去され、城柵の政庁らしい姿に改修された。しかし、北東部の一画にある三棟の建物群は撤去されずに残り、特異な性格が与えられていたことが指摘されている。とくに四面廂建物の東側で大きく膨らんでいる築地内溝は、ある種「園池」風にもみえる。

官衙域では、Ⅱ期建物群が配置される。Ⅰ期建物群の大半は残ってくるが、南東官衙ではⅡ期建物群と重複する二棟とその西側の南北棟が撤去される。

d（廃城）期では、A群建物の柱に抜き取りが入り解体される。その後、B群・C群建物は柱の切り取りなどが行われ撤去されたか、もしくは放置され立ち腐れ状態で土に没した。

官衙域では、Ⅱ期建物群の柱に抜き取りが入り、解体されている。これらの柱はA群建物の柱とともに徳丹城へ運ばれたと考えられている。

（七）志波城政庁の改修とは

なお、津嶋知弘は改修の時期について、胆沢城鎮守府が成立する八〇八（大同三）年頃と述べる。その歴史的な要因については、胆沢城鎮守府が成立したことで、それまでは国司が兼任していた鎮官《ちんかん》が、八〇八（大同三）年以降、国司とは別任扱いにされたためと指摘する。つまり、そのことにより鎮官の権限が拡大し、鎮守府胆沢城に鎮守府将軍が、志波城には副将軍が駐在することになった結果だと述べ、そのための政庁・官衙施設の充実だったと指摘する。

ところで、志波城の時代、鎮守府の官制は、将軍一人、副将軍一人、軍監《ぐんげん》二人、軍曹二人の四等《しとう》官制《かんせい》を布く。仮に胆沢城に将軍一人、軍監一人、軍曹一人、志波城に副将軍一人、軍監一人、軍曹一人が駐留していた場合、八一二（弘仁三）年四月の三等官制の施行では副将軍と軍監一人が減員されているので、ちょうど志波城駐留の鎮官だけが削減された形となる。したがって、徳丹城造営後は胆沢城に将軍一人、軍曹一人、徳丹城に軍監一人、軍曹一人という形で駐留していたと推察される。

（八）出土遺物

通常、考古学的に土器編年を行う場合、一世紀、半世紀、三分の一世紀、四半世紀単位でとらえていくが、胆沢城造営と志波城造営、そして徳丹城造営までわずか一三年である。この短期間での土器の型式変化をみきわめる作業はむずかしい。反面、狭い時間幅であるがゆえに志波城九年間における土器群の位置づけは重要となってくる。

志波城跡から出土する遺物の大半は竪穴住居跡からの出土である。組成としては土器、鉄製品、

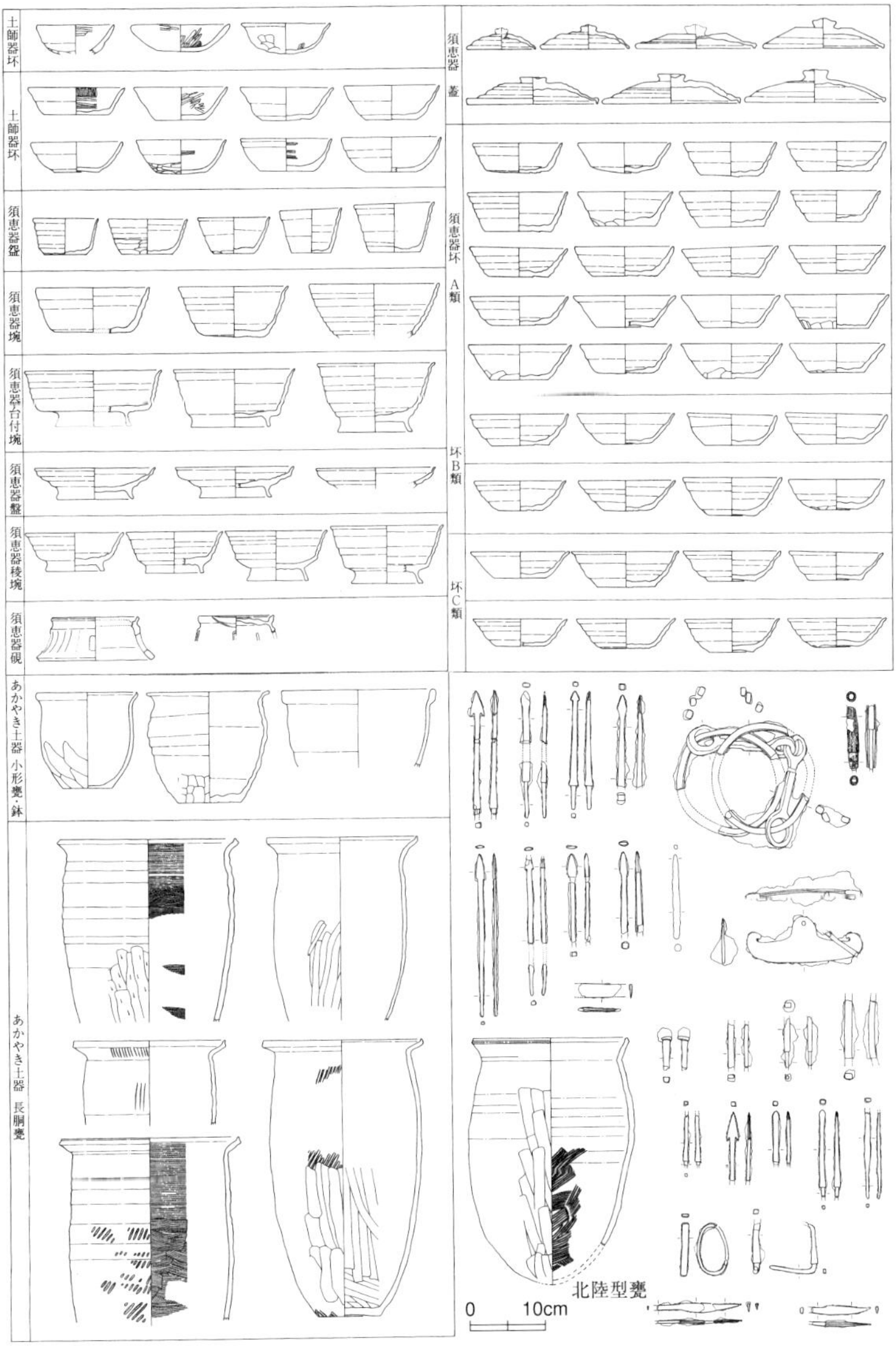

図23　志波城跡出土遺物

土製品、石製品がある。ほかには土器や石製品に記された文字資料がある。

土器

土器には、須恵器・あかやき土器・土師器の三つの区分がある。このあかやき土器であるが、志波城跡の調査では須恵器でも土師器でもない無釉の土器で、須恵器の技法を踏襲しながらも土師器のように酸化焔焼成された、甕類も含む土器に対して用いる概念である。

　須恵器には、供膳具としての坏・盌《まり》・埦・双耳坏・高台坏・高台埦・稜埦・蓋・高台盤、煮沸具として甑、貯蔵具の長頸瓶・甕、文房具の硯（円《えん》面硯《めんけん》・風字硯《ふうじけん》）の器種がある。また、あかやき土器では供膳具（坏・盌・埦・蓋・鉢）、煮沸具（長胴甕）、貯蔵具（小形甕）があり、土師器では供膳具（坏・盌・高台坏）、煮沸具（甑・長胴甕）、貯蔵具（小形甕）がある。

　この須恵器：あかやき土器：土師器の出土比率は、七九：一三：八で、須恵器とあかやき土器で九割強を占め、土師器を圧する多さである。

　須恵器・あかやき土器・土師器坏類には、その成形に回転作用を有するいわゆるロクロが用いられているが、これは須恵器の製作技法として志波城造営とともにこの地域にもたらされたものである。ところが、志波城跡内の竪穴住居群からは四三％ほどの比率で在地型土師器、いわゆるロクロを使用していない甕などの器体が出土している。志波城跡の調査ではロクロを使用していない場合、「未使用」・「非使用」という用語の使い分けをしている。前者は「時代的にロクロが存在しない意」であり、後者は「ロクロはあるが使用されていない意」であるので、八世紀代の土師器の場合は「ロクロ未使用」ということになる。

　須恵器は、出土量の比率だけではなく、その器種組成も豊富といえる。官衙として特徴的な器種としては、盌、稜埦、蓋、高台盤があげられる。盌は口径に比し、底径が大きい。身が深いコップ形の器体である。稜埦は体部下端に鋭い稜線をもつ。胆沢城跡出土のものに近似し、退化的な徳丹城跡出土の器体とは異なる。

蓋は稜埦や盤などにともなうものや、盌にともなう小径のものが出土している。

高台盤は、伊治城跡、胆沢城跡などでは出土するが、徳丹城跡では出土していない。

坏類は底径が大きく、体部が直線的に立ち上がるものが多い。底部の切り離し技法は圧倒的にヘラ切りが多く六割強を占め、糸切りは二割弱程度である。切り離し後に手持ちヘラ削りや回転ヘラ削りが施されるものも四割と多い。

坏は、形状的・技法的に古い要素、新しい要素をもっているか否か、といった視点でみていくと、①口径に対する底径比が大きく、②ヘラ切りで、③切り離し後にヘラ削りが入るものが古い要素であり、反対にa底径比が小さく、b糸切りで、cヘラ削りが入らないものが新しい要素といえる。つまり、組み合わせにおいて「①②③」の要素群をもっている器体は、「abc」要素群をもっている器体よりも古いタイプということになる。

このような視点で志波城跡の全体傾向をみると、①②③要素群が一〇％、①②c要素群が五一％弱、ヘラ削りによって切り離しが不明になっているX要素をもつものが二〇％弱と、古手の要素をもつものだけで八割を占める。とりわけ志波城跡はヘラ削りを施されている器体が多い。反してabc要素群は三％に満たない量である。

あかやき土器の供膳具は、須恵器同様の様相であるが、須恵器ほど器種は多くはない。煮沸具

（？）には、「北陸型甕」といわれる砲弾形の丸底長胴甕がある。成形にロクロを用い、丸底を叩き出し技法で仕上げる須恵器の技法を用いる甕である。類例として、松ノ木遺跡・前野遺跡（盛岡市）、上平沢新田遺跡・七久保遺跡（紫波町）、和賀川流域では鳩岡崎上の台遺跡（北上市）で出土しているが、志波城跡の甕よりは後出的であり「出羽型甕」とよばれている。前述のとおり、雫石川や和賀川の上流域は出羽方面へ通じる水系として確保されている。紫波町の上平沢新田遺跡なども、山王海ダムの水系を越えれば、雫石川水系の沢内街道筋に通じる。このような水系を利用した出羽方面からの人の移動が推察される。

土師器坏の出土量は多くない。須恵器坏と同様に底径の大きな器体を含むが、底部の切り離し技法は、ヘラ削りが施されている関係から不明なものが多い。

鉄製品

鉄製品には、武器（四六％）・工具（三〇％）・農具（一二％）・馬具等その他（一二％）があり、武器が多いことが理解できる。紡錘車も若干出土している。

武器では直刀・小刀・鏃・鞘尻《さやじり》金具があり、工具では斧・刀子・釘・箝子《かんし》・環《かん》、農具では鎌、馬具では轡《くつわ》が出土している。なお、SI416竪穴住居跡の床面から出土した栴檀板《せんだんのいた》とされる鉄板は、栴檀板ではない可能性が考えられる。

土製品

土製品には、精錬炉の壁体・鞴《ふいご》の羽《は》口《ぐち》・紡錘車がある。

精錬炉の壁体や鞴の羽口は、城内で精錬や小鍛冶が行われていたことを示し、鉄塊や埦形滓《わんがたさい》、鍛造剥片の出土がそれを補強している。土製紡錘車は、志波城以前の遺物であろうか。

石製品

石製品には、砥石・碁石がある。砥石には、大形の荒砥と小形の仕上げ

図24　志波城跡出土墨書土器集成

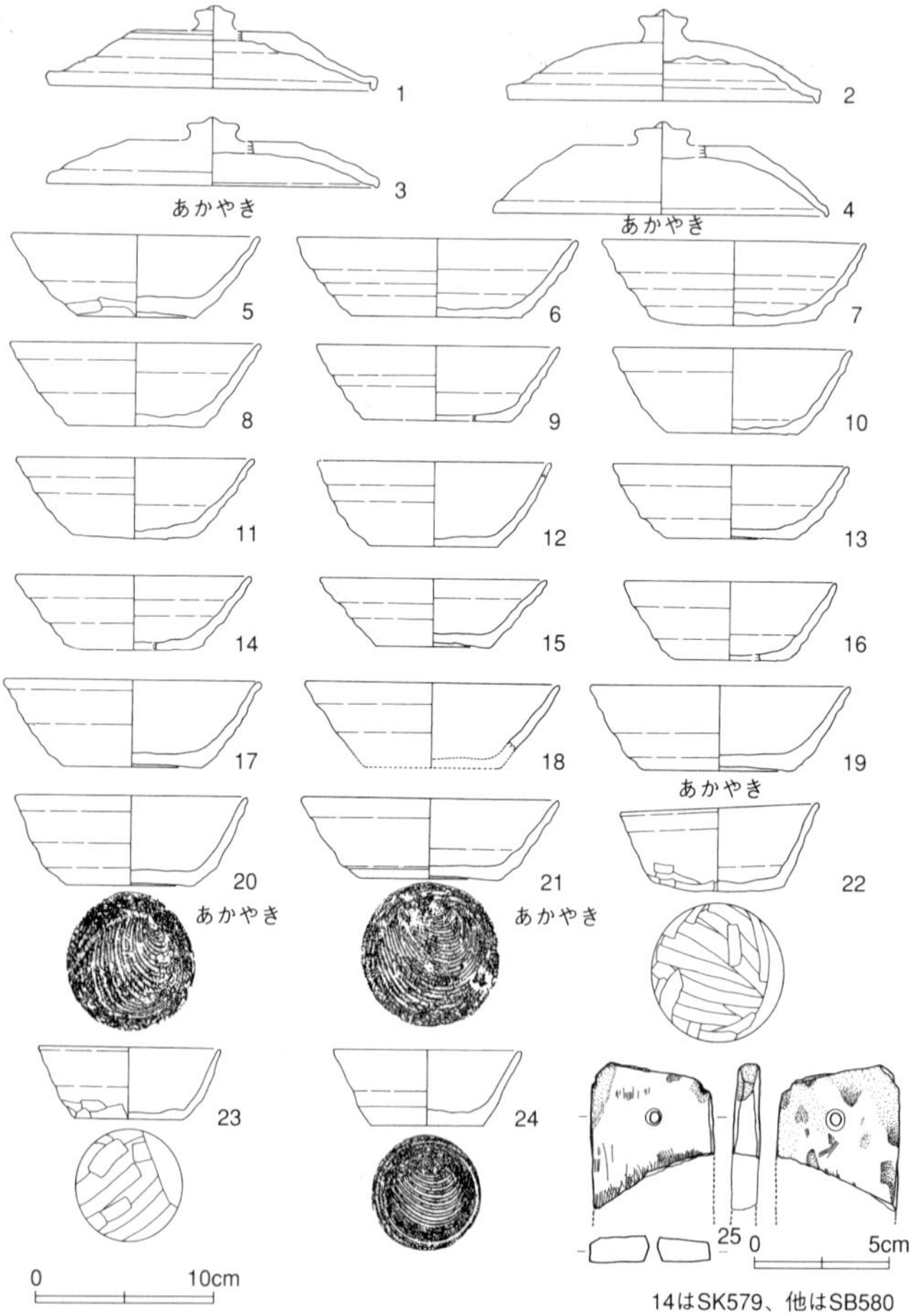

図25　西脇殿抜き穴出土遺物実測図（図中の番号は表５に対応）

表5　坏形土器の新旧要素（図番号は図25に対応。新旧要素の凡例参照）

図番号	口径(cm)	底径(cm)	底経比率	①	②	③	a	b	c
5	13	6.4	0.492			*	*	*	
6	14.8	9	0.608	*	*				*
7	14	9	0.642	*	*				*
8	13.2	7.4	0.56	*	*				*
9	12.8	7.8	0.609	*	*				*
10	12.6	7	0.556	*	*				*
11	12.8	6.6	0.516	*	*				*
12	12.4	6.8	0.548	*	*				*
13	12.4	7	0.564	*	*				*
14	12.4	7.6	0.613	*	*				*
15	11.8	6.2	0.525	*	*				*
16	11.2	6	0.536	*	*				*
17	13.6	7.4	0.544	*				*	*
18	13.2	?							
19	13.8	8	0.58	*				*	*
20	12.2	6.8	0.557	*		*		*	
21	13.4	7.4	0.552	*		*		*	
22	10.4	7.2	0.692	*		*			
23	9.8	5.8	0.592	*		*			
24	9.8	6	0.612	*		*		*	

【凡例】（表５～８まで共通）

〔旧要素〕　①　底が大きい（口径１に対する底径比が0.5以上）
　　　　　②　ヘラ切り
　　　　　③　削り有り
　　　　　　－１　手持ちヘラ削り
　　　　　　－２　回転ヘラ削り
　　　　　　－３　水撫で・刷毛撫で・木口状工具等の撫で付け
　　　　　X　切り離しが不明なもの
　　　　　　－１　手持ちヘラ削りによって切り離し不明
　　　　　　－２　回転ヘラ削りによって切り離し不明
　　　　　　－３　水撫で・木口状工具等の撫で付けによって切り離し不明

〔新要素〕　a　底が小さい（口径１に対する底径比が0.5未満）
　　　　　b　糸切り
　　　　　　－１　静止糸切り
　　　　　　－２　回転糸切り
　　　　　c　切りっぱなし（切り離し後のヘラ削り等無し）

註）西野修「坏形土器の新旧要素の分析―志波城跡・徳丹城跡を中心に―（試案）」徳丹城跡2008所収を簡略化して掲載した。

砥がある。荒砥の石材には、凝灰岩・安山岩があり、仕上げ砥の石材には泥岩・流紋岩・粘板岩・細粒砂岩・細粒凝灰岩がある。とくに仕上げ砥の場合、穿孔がみられるので携帯用の砥石であろう。

文字資料　文字資料は、土器に記された墨書と、土器や砥石に刻まれた文字がある。

墨書文字としては「府」・「厨」・「酒所」・「大屋」・「佐旀《さみ》」・「上総□」・「奉」・「廣」・「本」・「九」があり、刻書文字としては「十」・「甲」がある（図24）。「佐旀」・「上総」などは、鎮兵の出身地であろうか。

なお、漆が付着した土器も出土しているが、紙質の付着はない。

（九）志波城廃城段階の一括遺物

志波城は徳丹城に移遷される際、主要舎殿の柱を抜き取っているが、西脇殿の柱の抜き穴からまとまった遺物が出土している。組成は、須恵器坏・蓋・双耳坏・稜埦、あかやき土器の坏・蓋・甕、土師器坏・甕で、最終段階の時期を特定す

（要素群）比率

ab③			abc	①X			aX		
a b-1 ③-2	a b-2 ③-1	a b-2 ③-2	a b-2 c	① X-1	① X-2	① X-3	a X-1	a X-2	a X-3
1.9%			2.5%	16.6%			3.1%		
0.2%	1.4%	0.4%		11.4%	4.8%	0.4%	1.4%	1.5%	0.2%
5.0%				10.0%					
	5.0%			10.0%					
6.0%			7.2%	0.6%			0.6%		
	3.8%	1.9%		0.3%	0.3%		0.6%		
2.1%			1.5%						
	1.5%	0.5%							
12.2%			16.3%	1.6%			1.6%		
	7.3%	4.1%		0.8%	0.8%		1.6%		

表6　種別（須恵器・あかやき土器・須恵系土器・土師器）の出土比率

	灰：須恵器	橙：須恵器	あかやき	須恵系土器	土師器
志波城跡全体	78.6%		13.3%		8.1%
政庁西脇殿他柱抜き穴一括	85.0%		15.0%		0.0%
徳丹城跡全体	81.8%	8.5%		0.6%	9.1%
先行官衙段階	89.2%	5.1%		0.0%	5.6%
成立～機能(～廃絶)段階	69.9%	13.8%		1.6%	14.6%

表7　器体が持つ新旧要素比率

	①	②	③			X			a	b		c
			−1	−2	−3	−1	−2	−3		−1	−2	
志波城跡全体	88.4%	64.5%	38.0%			19.7%			11.6%	15.8%		62.0%
			21.0%	15.8%	1.2%	12.9%	6.0%	0.8%		0.2%	15.6%	
政庁西脇殿他柱抜き穴一括	95.0%	60.0%	30.0%			10.0%			5.0%	30.0%		70.0%
			15.0%	15.0%		10.0%				0.0%	30.0%	
徳丹城跡全体	79.2%	70.8%	36.2%			1.3%			20.8%	28.0%		63.8%
			10.1%	23.0%	3.1%	0.6%	0.6%			0.6%	27.4%	
先行官衙段階	88.2%	81.0%	35.4%						11.8%	19.0%		64.6%
			11.3%	19.0%	5.1%					0.5%	18.5%	
成立～機能(～廃絶)段階	65.0%	54.5%	37.4%			3.3%			35.0%	42.3%		62.6%
			8.1%	29.3%		1.6%	1.6%			0.8%	41.5%	

表8　新旧要素の組み合わせ

	①②③			①②c	①b③			①bc	a②③		a②c	
	①②③−1	①②③−2	①②③−3		①b−1③−1	①b−2③−1	①b−2③−2	①b−2c	a②③−1	a②③−2		ab−1③−1
志波城跡全体	10.0%			50.6%	5.8%			5.4%	0.6%		3.5%	
	5.6%	3.9%	0.6%			1.5%	4.2%		0.4%	0.2%		
政庁西脇殿他柱抜き穴一括				60.0%	15.0%			10.0%				
						0.0%	15.0%					
徳丹城跡全体	17.6%			46.2%	10.7%			4.1%	0.6%		6.3%	
	6.0%	8.5%	3.1%		0.3%	1.6%	8.8%			0.6%		0.3%
先行官衙段階	23.6%			49.2%	9.2%			6.2%	0.5%		7.7%	
	8.7%	9.7%	5.1%		0.5%	1.5%	7.2%			0.5%		
成立～機能(～廃絶)段階	8.1%			41.5%	13.0%			0.8%	0.8%		4.1%	
	1.6%	6.5%				1.6%	11.4%			0.8%		0.8%

る。

須恵器坏は一七点あり、全体の八五%を占める。口径が一五センチに迫る大形、一三センチ大の中形、一〇センチ大の小形器体で構成される。底径の小さな器体を五%含むが、大きい器体が九五%を占めている。底部の切り離しは、ヘラ切りが主体で、六〇%を占める。糸切りは三〇%混じるが、底の大きな①要素の器が主体である。また切り離し後にヘラ削りが施される③要素の器体が三〇%ある。小形坏は底部全面に手持ちヘラ削りが施され、切り離し技法が不明なX要素の器体が一〇%ほど混じる。

あかやき土器は三点で、全体の一五%である。形態的には須恵器と同じで、底径が大きい①要素の器体で構成される。底部切り離しは三点とも糸切りで、うち二点は底部周縁のみを回転ヘラ削りしている。

蓋は須恵器が二点、あかやき土器が二点ある。すべて外面に回転ヘラ削りが入り、摘みは宝珠形である。実測図で見るかぎり、須恵器とあかやき土器の形態上の区別はできない。

西脇殿の抜き穴出土の一括資料も、新旧要素の組み合わせでみてみると表5~8のようになるが、六割は①②c要素群で古い要素をもつ一群であるといえる。

この一群が、志波城の八一一年頃、つまり廃城段階のものであり、いわば徳丹城の造営段階に引き継がれてくる一群なのである。

Ｖ　徳丹城跡——最小の城柵

1　研究史——まぼろしの徳丹城はいずこに

擬定地　紫波郡内を中心に七カ所の擬定地があった。いずれの説も実証的な根拠に欠けたものだったが、このなかで一九三六（昭和十一）年の菅野義之助による西徳田説は、その論拠として地形的に周囲よりも高いことや土師器や須恵器が出土すること、また「城ノ輪《きわ》」に通じる「木ノ輪」屋号の民家が存在することなどをあげている。「城ノ輪」に通じるという視点は卓見であったが、城柵遺跡として決定的な建物跡などを発見できぬまま、時代は太平洋戦争へと向かっていった。

紫波郡徳田村徳田柵木遺物　一九四三（昭和十八）年、徳田尋常高等小学校の南側の水田で、暗渠工事中に二本の柱が発見された旨の通報と請願書が、地元民から岩手県文化財専門員の田中喜多美のもとにもたらされた。

敗戦から二年が経過した一九四七（昭和二十二）年、復興の槌音の響くなか、第一次調査が開始された。調査指揮を執ったのは田中だった。田

表 9　徳丹城跡擬定地一覧

	所在地				文献			説明
1	紫波郡	紫波町	古舘	城山説	伊能嘉矩	遠野史叢　第 1 編	大正10	
2				陣が丘説	大槻如雷	駅路通　上巻	明治44	
					藤原相之助	日本先住民族史	大正 5	
3	盛岡市		太田	方八丁説	菅野義之助	岩手毎日新聞	大正14	現志波城跡
4	紫波郡	矢巾町	徳田	北郡山説	吉田東伍	大日本地名辞書		
					小笠原謙吉	岩手県史跡名勝天然記念物調査報告　第 2 号	大正12	
5	紫波郡	矢巾町	徳田	間野々説	山本賢三	猿ヶ石叢書　第 1	昭和26	
6	紫波郡	矢巾町	徳田	西徳田説	菅野義之助	史潮　6 号 2 巻	昭和11	現徳丹城跡
7	紫波郡	矢巾町	徳田	徳田説	水戸藩	大日本史		
					大槻文彦	復軒雑纂	明治35	
					邨岡良弼	日本地理志料　巻 8	明治36	
					熊田葦城	日本史蹟体系　第 3 巻	昭和10	
					井上通泰	上代歴史地理新考・東山道	昭和18	

中はこの調査で「水田地下に埋没され在る柵木一一本」を確認したものの、「徳丹城址と断定するは時期尚早である」と結んだ。

確認調査

一九五一（昭和二十六）年になって「積雪寒冷単作地域振興臨時措置法」いわゆる「セッカン法」が時限立法で施行され、米の増産政策が執行された。これを受けた耕地整理が一九五六（昭和三十一）年までの間で行われることになり、当該地域においても一九五二（昭和二十七）年から施工された。

一九五五（昭和三十）年には、岩手県文化財専門委員の板橋源（岩手大学教授）によって、徳田小・中学校併設校舎の防火用水池に接する水田で第二次調査が行われた。この調査では、後に政庁正殿と是認された建物跡を確認している。

耕地整理の最終年である一九五六（昭和三十一）年には第三次調査が行われ、現在南東官衙といっている一画で廂付の建物跡が二棟発見された。このことから「徳丹城はこの地であったと考えて差し支えない」と断定された。さらに、一九六五（昭和四十）年の第四次調査では遺跡の南東部で二〇一本の柵木列が、翌一九六六（昭和四十一）年の第五次調査で四棟の櫓や外郭西門跡などが発見されると、この地が「徳丹城である公算が確実になった」のである。

以後、発掘調査は一九八一（昭和五十六）年まで岩手大学の板橋源、佐々木博康の指揮の下に行われ、矢巾町教育委員会が主体となった調査は一九八二（昭和五十七）年以降のことである。

2　国指定史跡

保存管理計画

一九六九（昭和四十四）年八月五日。国の文化財保護審議会の答申を受け徳丹城跡は文部省告示第三〇九号により正式に国の史跡として指定された。

指定後の一九七〇（昭和四十五）年、史跡保護のための土地の買い上げ事業がただちに開始され、同時に史跡の整備事業も開始された。一九七三（昭和五十一）年には「保存管理計画」が策定され、以後の現状変更等の行政指針を導いた。土地買い上げは、その後も継続され現在にいたっているが、一六年継続された整備事業は一九八七（昭和六十二）年に休止した。これは徳丹城跡の調査研究が、他の城柵にくらべておくれていたからであり、計画調査によるデータの蓄積がないかぎり、将来のこの史跡の保存管理上の展望が描けない状況にあったからであった。

調査指導委員会

ところが、一九八七（昭和六十二）年当時、建設省による国道四号の拡幅工事が当町域に及び、バブル経済の煽りもあって開発行為にともなう周知遺跡の発掘調査に追われる事態となった。

結局、計画調査の着手が叶ったのは五年後の一九九二（平成四）年度からのことで、それは第一

図26　徳丹城跡地形図・遺構図

次三カ年計画として追加指定を前提に開始した調査だった。一九九三（平成五）年には調査の客観的な評価を行う指導機関として「史跡徳丹城跡調査指導委員会」を編成し、現在にいたっている。一九九二（平成四）年当初、史跡指定面積（一六万一六三三平方メートル）に対し三%にも満たなかった調査面積は、第四次五カ年計画の二年目を終了した二〇〇六（平成十八）年度、休止した整備面積にようやく追いつき、二〇%に達している。この数字が示すように、徳丹城跡の内容解明は画期的に進み、多くの重要な情報を全国に発信してきたのである。

第2期保存管理計画

計画調査が軌道にのり、将来の保存管理上の展望が描けるようになった二〇〇二～二〇〇三（平成十四～十五）年、第2期として保存管理計画の見直しを行った。これは史跡指定以来四半世紀の経過と

ともに、史跡を取り巻く要因が変化したことによる見直しでもあった。

追加指定　二〇〇七（平成十九）年七月二十六日付文部科学省告示第一〇九号で、外郭南西部の一部を追加指定することができたが、運河地区を含めた広範な地域の追加指定が急務な課題である。

3　徳丹城に先行する官衙

（一）経緯―現場事務所から大規模官衙へ

第三五・三七・四二次調査　第四二次調査で、三時期変遷のいびつな掘立柱建物跡が発見された。しかも、この建物はそれまで徳丹城跡では最古ととらえていた外郭内溝跡に先行する建物だった。

また、この建物の北面と西面を取り囲むように四軒の小形の竪穴住居跡が発見された。四軒は竈位置をつくり替えながら変遷したが、最終的には撤去されていた。総合して、建物は徳丹城造営、あるいは東門建築の現場事務所であり、四軒の住居群は造営に携わった人たちの住居であろうという見解であった。

これより前の第三五・三七次調査でも、この建物の東側を取り囲むように三軒の竪穴住居跡が発見されていた。三軒は、前述の四軒が城内で発見されたのに対して、城外で発見されていた。つまり、一棟の建物を城内と城外から取り囲んでいる状況というのは、この地区が広く開放された状態にあったことを示唆し、すなわちそれは造営時にほかならず、あわせて東外郭線の閉鎖はこれらの建物等の撤去後に行われたことを示唆するものだった。

このような視点から、造営時の手順や時間幅がわかりはじめてきたのが第三五・三七・四二次調査だったといえよう。この考え方が裏づけられ、補強され、また一方で大きく見直しを迫られたのが第四三次調査だった。

第四三次調査

この調査では、東廂が付く大形の南北棟が発見された。建物の東には井戸が穿たれ、広場が形成されていた。建物は明らかにこの広場を意識して建てられており、官衙の様相を呈していた。この時点で単なる現場事務所程度の話ではなくなり、造営時には大規模官衙が介在していた可能性が急浮上したのである。

また、この調査の最中、第三次調査、第一〇次調査、第二八次調査で発見されていた溝跡が、同一の溝として区画溝にならないかという予測がなされたことから、第四四次調査以降はこの課題の検証を目的とした調査計画となった。

第四四次以降の調査

第四四次調査では、さらに二棟の大形建物を確認した。あわせて城外館畑《たてばたけ》遺跡九八―一および第四五・四六・四七・五〇・五四次調査で確認された溝が、これらの建物群を一五〇メートル規模で囲環する溝であることも判明し、大規模官衙の存在が確実になったのである。

この官衙が徳丹城の造営にかかわったのではないかと推測されたのは、徳丹城本体の造営が進む一方で施設が縮小されていく様子が把握されたからだった。しかも、造営にかかわったとすれば、必然的に徳丹城よりも古くなるはずであり、これを証明したのが、第四五次調査の外郭内溝と一五〇メートル区画溝との直接的な重複関係だった。

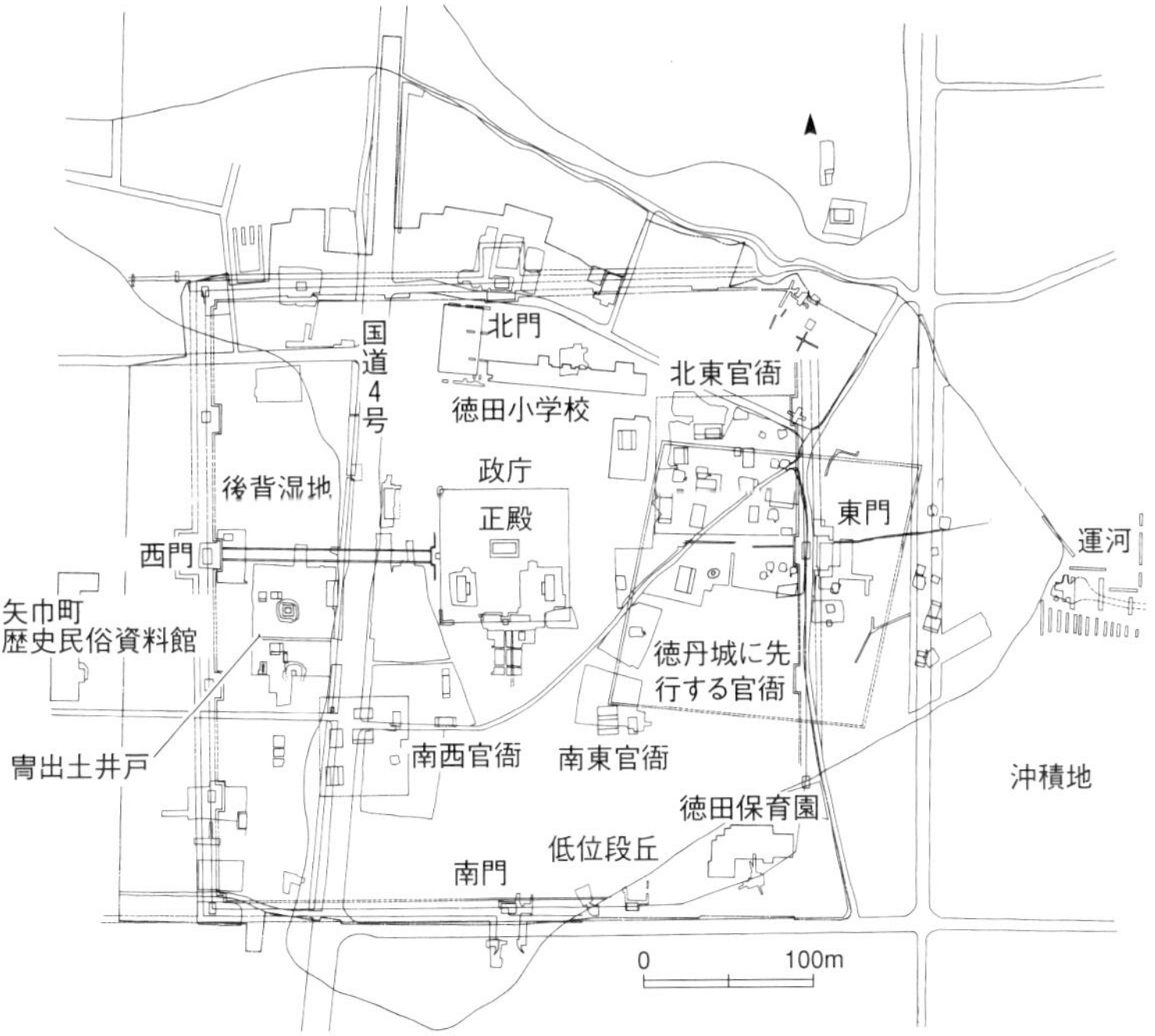

図27　徳丹城跡全体遺構概念図

(二) 官衙の概要

位　置　外郭東門跡をほぼ中心とした城内から城外へ跨る地区で、段丘上ではもっとも高い地点に位置している。徳丹城の政庁が置かれる場所をあらかじめ外したように、政庁の東に置かれている。遺構の構成は、区画施設（溝）と内部施設（建物・井戸・広場・竪穴住居）、および外部施設（竪穴住居）からなる。

区画施設　芯々で一辺約一五〇メートル（五〇〇尺）の平行四辺形を呈する素掘りの溝を区画施設とする。平行四辺形は、北東隅と南西隅に鋭角を有する。走行方位は北辺と南辺で四～六度南へ、東辺と西辺で一〇～一一度東へ傾いている。幅は二メートル前後、深さは一・二メートルほどある。埋土は、下層が自然堆積で、中層～上層は人為堆積であることから、一定期間は開放状態だったが、最終的には埋め戻されたことを示している。溝の内側に沿って土塁が築堤されていたと推定されるが、埋め戻しの土はかならずしも内側からだけの流入ではないことから、多地点での検証が必要である。また、西辺中央部では橋脚遺構が発見されている。第四五次調査では、徳丹城跡の外郭内溝跡との直接的な重複から内溝より古いことや、丸太材木列が立っていた痕跡がなかったことから当初から溝だったことも確認された。

北東隅の調査では、埋め戻された土の最上部から、須恵器坏・鉢・円面硯・三方透かし高盤《こうばん》や鉄鎌、さらには「吉」「卍」と記された墨書土器など多量の遺物が出土した。三方透かし高盤や「吉」「卍」などは、多分に宗教的であり、とりわけ北東という鬼門の溝を埋め、この官衙を撤去する際、祭祀的な行為を行っていたことが考えられる。

内部施設

平行四辺形内部の面積は、約二万二二〇〇平方《メートル》あるが、このうちの北西部を中心に約四割に当たる八八八〇平方《メートル》を調査している。区画の中央北側には中心建物、これを中心に西〜南西には三棟の大形建物群、南には広場と井戸、三時期変遷の建物が確認され、これらの建物群の間を埋めるように大・小の竪穴住居跡群も二〇軒弱確認されている。

外部施設

区画外の東には、段丘の縁まで約一万平方《メートル》の平地が広がっている。この区画外では、これまで約六二三〇平方《メートル》の調査を実施し、七世紀後半期〜八世紀代の竪穴住居跡群三〇軒を確認している。これに複合し、この官衙期の竪穴住居跡が数軒発見され、「別将《べっしょう》」「稲」「厨《くりや》」銘の墨書土器が出土している。掘立柱建物跡は未確認である。

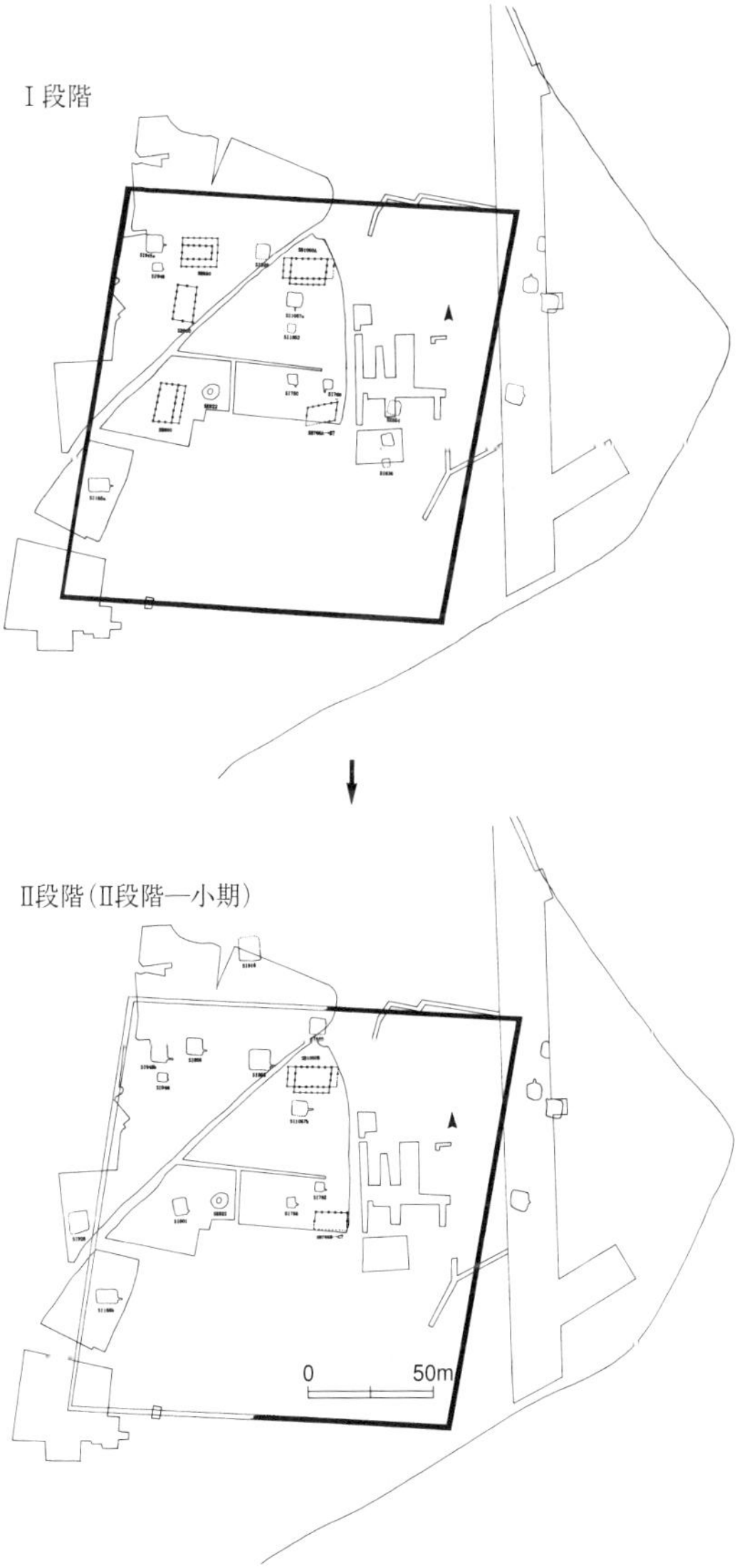

図28　徳丹城に先行する官衙の遺構変遷概念図

（三）遺構変遷

大別二段階の変遷（Ⅰ段階・Ⅱ段階）が認められるが、中央の南建物には三時期の変遷が確認されることから、小期が考えられる。また、それぞれの段階を特徴づける要素として、「区画溝」「中心建物」「付属建物」「広場・井戸」「竪穴住居群」があげられる。以下では、各段階ごとに各要素の状況を列記していく。

Ⅰ段階

「区画溝」では、溝底からの出土遺物がないため、掘削の時期は不明である。また、掘り直しの痕跡はとどめず、単時期の溝である。

「中心建物」は、一五〇メートル区画の、南北方向でみれば一対五、東西方向でみれば三対三に割り付けられた位置に、三面廂東西棟として配置される。位置的なことや、他にこの規模の建物がみられないことから、この建物が中心建物であるとみられる。同じ場所で建て替えられ、Ⅱ段階へと移行する。

「付属建物」としては、南西建物・西建物・南建物がある。南西建物は、中心建物の南西部に東廂の南北棟として配置される。一見して、政庁正殿に対する西脇殿のような位置関係にあるが、対峙する位置には東脇殿的な建物が確認されていないため、政庁のような配置はとっていない。この建物は、柱が抜かれ撤去されるが再建されていない。西建物としては、大形の南北棟と、その北に三面廂の東西棟が配置される。ともに柱は抜かれるが再建されていない。南建物はかなりいびつな形態である。

「広場・井戸」は、前述の主要建物群に囲まれた形で約二三〇〇平方メートルの規模で存在する。官衙における広場は儀式空間として重要である。この広場の西端には井戸が一口掘られる。

「竪穴住居群」は、南建物の周囲に、おもに南竈をもつ小形の竪穴住居が取り囲んで張り付く。中心建物の西側には中形の竪穴住居も存在している。

Ⅱ段階

「区画溝」であるが、平面的に徳丹城と重なる西半地域の溝は、徐々に埋められていった可能性が高い。これは下記の竪穴住居群の広がりから考えられる。

「中心建物」は、Ⅰ段階の建物が同規模、同位置で再建される。最終的には柱は抜かれる。

「付属建物」の南建物についても、Ⅰ段階の建物が同位置に同規模で再建される。

「広場・井戸」の井戸はまだ機能していたと推定される。

「竪穴住居群」は、東竈へのつくり替えや配置を替えて、Ⅰ段階から継続的に存続してくる小形竪穴住居群に加え、南西建物と西建物が建っていた同位置に中形の竪穴住居が建つ。この段階は、中形～大形の住居が主体となり、それまでは区画溝の外部だった区域にまで広がって建てられた。前述のとおり、区画溝の一部が埋められたことによる住居群の広がりであろう。しかも、中心建物の西側の大形住居からは鉄滓などが出土しており、これらの住居のなかには小鍛冶工房を抱えた住居も存在していたようだ。ほとんどの住居群は最終的には埋め戻されているが、自然堆積を示す住居もあることから放置され朽ちていった住居もあった可能性がある。

Ⅱ段階の一小期

「区画溝」は、この段階ではほぼ全域が埋められていたと推察される。その年代観は、最上層出土の須恵器坏・蓋・コップ形土器・円面硯などの組成や個々の特徴から、九世紀第1四半期とみられる。埋められた後、徳丹城外郭内溝跡と重複して壊されている。

「中心建物」は存在していない。

「付属建物」のうち、南建物はⅡ段階の建物が同位置に同規模で建て替えられる。最終的な柱の抜き取りはみられず、切り取り撤去された可能性が高い。掘方が徳丹城外郭内溝跡と重複して壊されている。

「広場・井戸」の井戸は最終的には埋め戻され

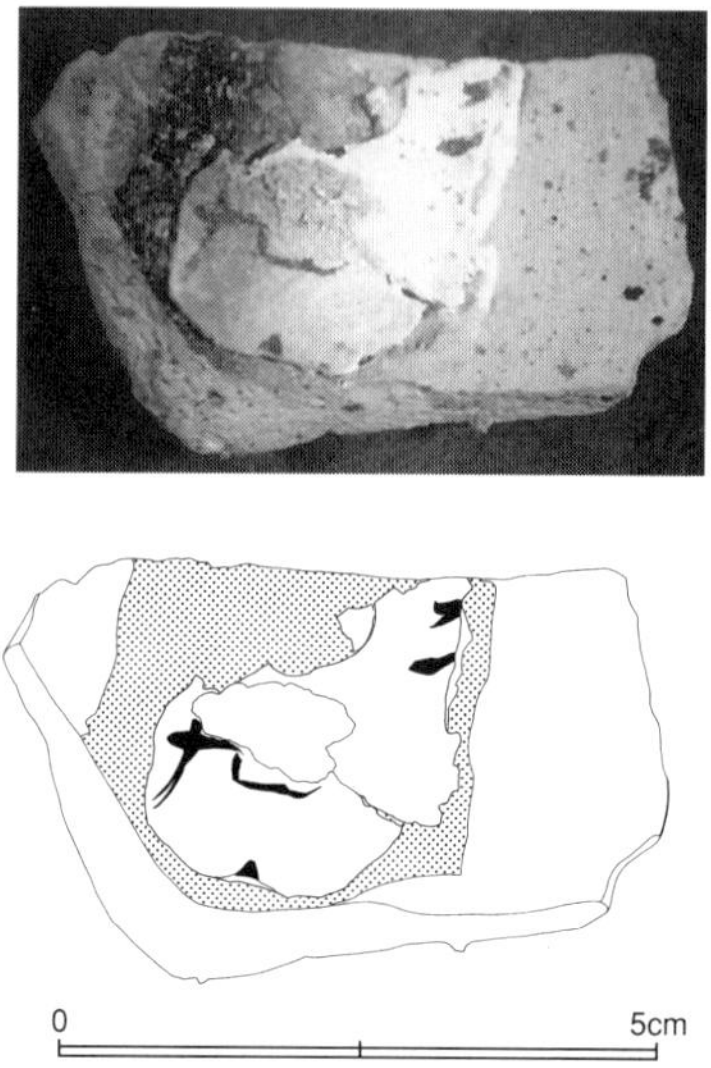

図29　徳丹城跡出土第１号漆紙文書

ている。その土から石灰岩塊が出土した。

「竪穴住居群」のほとんどは埋め戻された可能性が高い。ただし、中心建物の南側にある住居跡は、中心建物との距離が近すぎるため、Ⅰ段階・Ⅱ段階で並存しないかぎりこの段階で出現した可能性が高い。竈を一度造り替えているので、やや長期に使用していた可能性もある。埋め戻し土から第一号漆紙文書《うるしがみもんじょ》の小片が出土している。文書は日付とみられる「九□」という文字が残るだけで、その内容までは不明であった。

(三) 出土遺物の概要

この施設から出土する遺物は、土師器、須恵器、鉄製品などがある。その多くは竪穴住居跡からの出土であるが、一五〇《メートル》区画溝の最上層から出土した一群は、この施設の最終段階を示すものとして重要である。また、量的には多くないが、文字資料として墨書土器と漆紙文書の小片が出土している。

なお、徳丹城跡の調査では「あかやき土器」という概念を用いず、おおむね徳丹城の段階の橙色を呈する土器群についてはあくまでも「須恵器」ととらえ、徳丹城以降は桑原滋郎が提唱した「須《す》恵系土器《えけいどき》」の概念を用いている。

また、一般に「ロクロ」や「轆轤」と表記され、土器成形時に用いる回転力を得られる装置については、便宜的に「回転台」といっている。

なお、この橙色の須恵器を「あかやき土器」に対峙させてみた場合、須恵器：橙色須恵器：土師器の出土比率は、八九：五：六である。

遺構別出土遺物の内容

区画溝から出土したものを列記すると、土師器（坏・甕）、須恵器（坏・コップ形土器・稜埦・蓋・甕・壺・円面硯・三方透かし高盤）、鉄製品（鎌・刀子・紡錘車・鏃・釘・雁股鏃《かりまたぞく》）、文字資料（墨書土器）がある。

竪穴住居跡からは土師器（坏・埦・高台坏・双耳坏・蓋・甕）、須恵器（坏・稜埦・双耳坏・蓋・壺・長頸瓶・短頸壺・甕・鉢・三方透かし高盤）、鉄製品（鋤先《すきさき》・鎌・刀子・紡錘車・飾り板？・馬具？）、その他（鉄滓・石灰岩塊？）、文字資料（一号漆紙文書・墨書土器）が出土した。

掘立柱建物跡掘方からは青銅製品（盤？）が出土している。

段階別の概観

Ⅰ段階の竪穴住居跡群における土器群は、次のような構成となっている。

土師器には、供膳具に坏・鉢、煮沸具に甕がある。鉢・甕は回転台を用いていない在地型である。須恵器には、供膳具に坏・稜埦・双耳坏・蓋・鉢、貯蔵具に壺・長頸瓶・甕、文房具に円面硯がある。文字資料には、「厨」「稲」「進」「別将」銘の墨書土器と一号漆紙文書がある。

概して、土師器が少なく、圧倒的に須恵器が多い。須恵器坏はヘラ切り底主体で、底径も大きめではあるが、小さめのものも混在する。また、手持ちヘラ削りなど古い要素をもつものは、印象として志波城跡よりも少ない。稜埦も胆沢城跡・志波城跡出土のものにくらべ、稜の鋭さに欠ける。

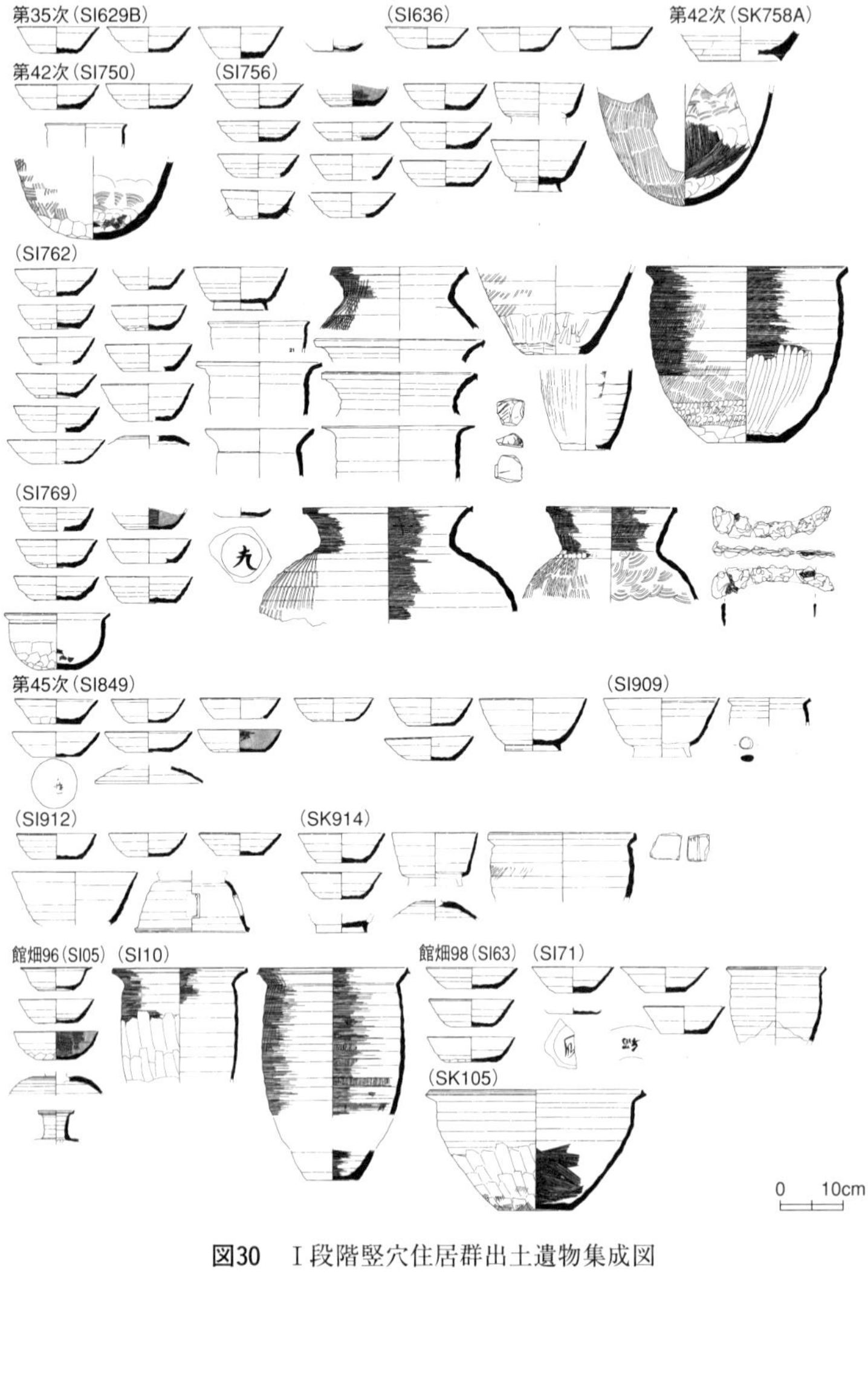

図30　I段階竪穴住居群出土遺物集成図

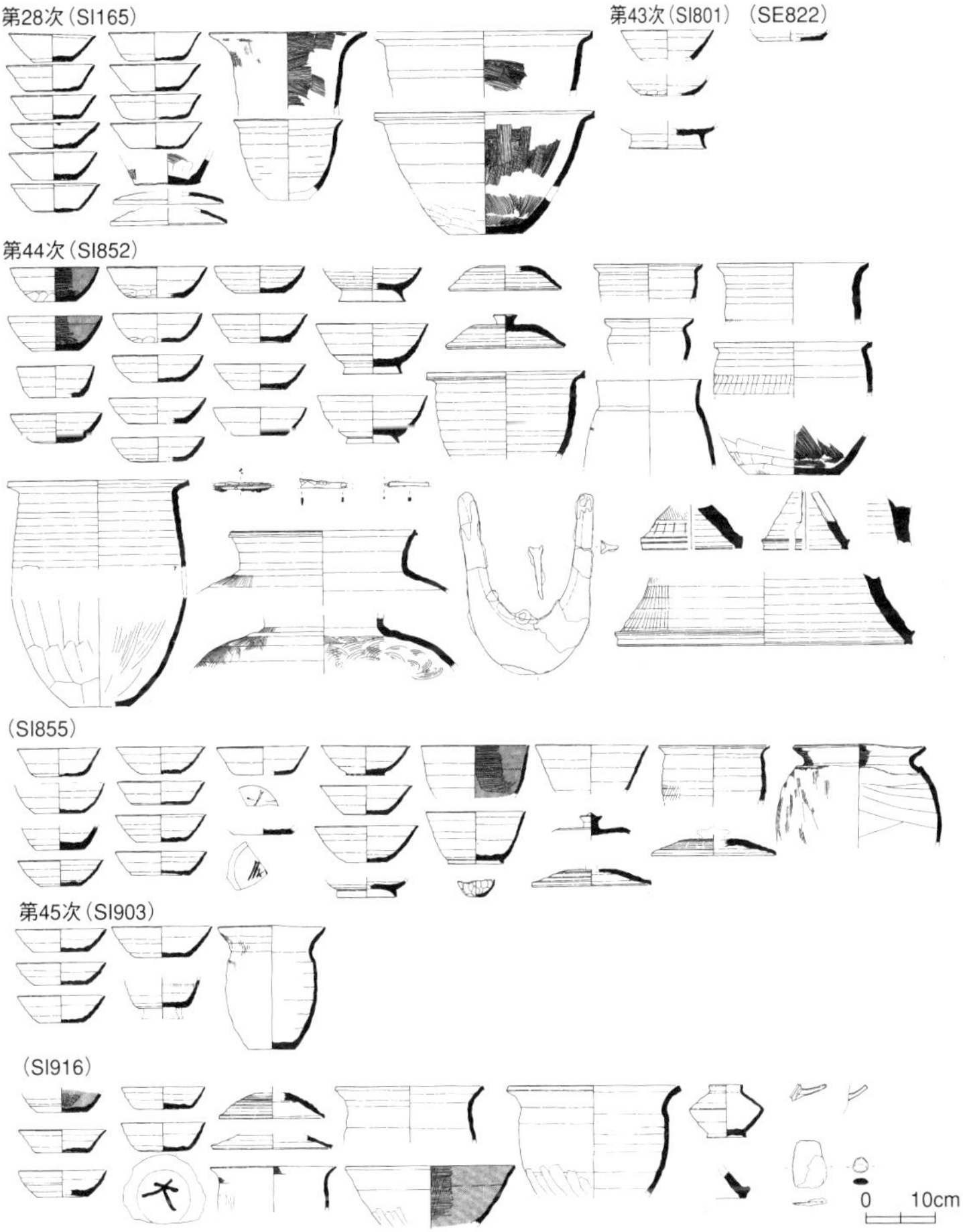

図31　II段階竪穴住居群出土遺物集成図

次に、Ⅱ段階の竪穴住居跡群における土器群の構成をみてみよう。

土師器には、供膳具に坏・埦・鉢、煮沸具に甕、貯蔵具に壺がある。甕は回転台を用いていないものと用いたもの、壺は用いていないものがある。須恵器には、供膳具に坏・稜埦・双耳坏・コップ形土器・蓋・鉢・三方透かし高盤、貯蔵具として壺・甕、文房具（？）に小形の短頸壺がある。文字資料には、「大」「厨」銘の墨書土器がある。

この段階においても土師器の量が少なく、須恵器が多い。須恵器坏はⅠ段階同様ヘラ切り主体であるが、底の極端に小さなものが混じる。全体の器種組成としては、Ⅰ段階にくらべて須恵器の大型器種が減少する傾向にある。三方透かし高盤は、今のところ胆沢城跡・志波城跡では出土事例がなく、徳丹城跡でもこの段階の遺構群にのみともなう遺物である。

Ⅱ段階の一小期では、一五〇メートル区画溝の最上層の一括土器にその特徴がみられる（図68）。

土師器には、供膳具に坏、煮沸具に甕がある。甕は回転台使用のものがあり、一点は八世紀代の竪穴住居跡からの紛れ込みであろう。須恵器には、供膳具に坏・稜埦・コップ形土器・蓋・鉢・三方透かし高盤、貯蔵具に壺・甕、文房具に円面硯がある。文字資料には、「吉」「卍」銘の墨書土器がある。

やはり土師器は少ない。須恵器坏はヘラ切り主体でⅠ段階・Ⅱ段階と大きな差異は認められないが、糸切り後に手持ちヘラ削りを有し、やや新しい要素をもつ器体が入る。

坏形土器にみられる新旧要素

先行官衙全体の坏形土器にみられる新旧要素をみると、底の大きな①要素が八八％、ヘラ切りの②要素が八一

%、ヘラ削りが入る③要素が三五%あり、底の小さなａ要素が一二%、糸切りのｂ要素が一九%、切りっぱなしのｃ要素が六五%ある。切り離しが分からないX要素がないことを除けばほぼ志波城跡の比率に一致してくる。この段階が志波城段階にごく近いことを示唆している。

　また、要素の組み合わせでは、やはりX要素がないだけで志波城跡の比率にほぼ近似している。ただし、①②③要素群、①②ｃ要素群が減った一方で、ａｂ要素を含む新しい要素群がやや増えている。

特徴的な土器その他

　まずはじめに、「三方透かし高盤・高盤」（図32）があげられる。現在まで四一片が出土しているが、すべてオレンジ色を呈し、硬質である。成形には回転台が用いられ、高台部と盤部は別々につくられ接合されている。器面には叩きの痕跡を残しており、製作技法は須恵器の技法そのものである。大きさには、大形の人（高台径四三・四センチ／高台長不明）・大形の小（高台径三六〜三八センチ／高台長一二センチ）・中形（高台径三二センチ／高台長一〇・五〜一一センチ）・小形（高台径不明／高台長八・五センチ）があり、透かしが開くものと開かないものがある。開かないものも全体の形は開くものと変わらない。透かしは図上復元の結果、三方向に開いており、今のところ四方に開いている器体は見られない。

　この器体はあえてオレンジ色に焼くことに、用途に合致した意義があったのではないかと考えられる。その用途としては、器面の一部に赤色顔料の塗布された痕跡が残っていることと、神仏への供献膳である「三方」に通じることから、祭祀具が考えられる。

　次に、「別将」と墨書された土器の組成をみて

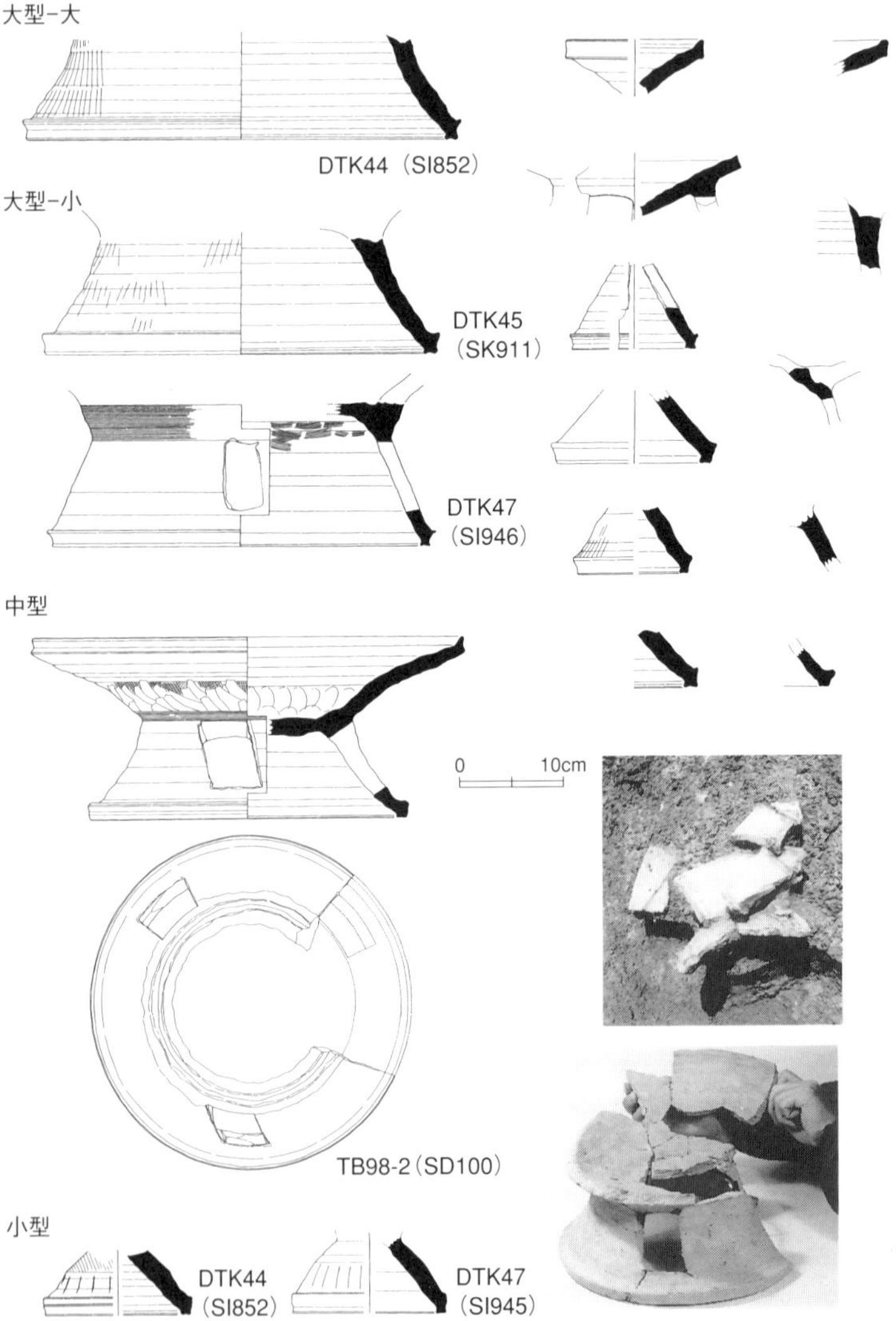

図32 三方透かし高盤集成図

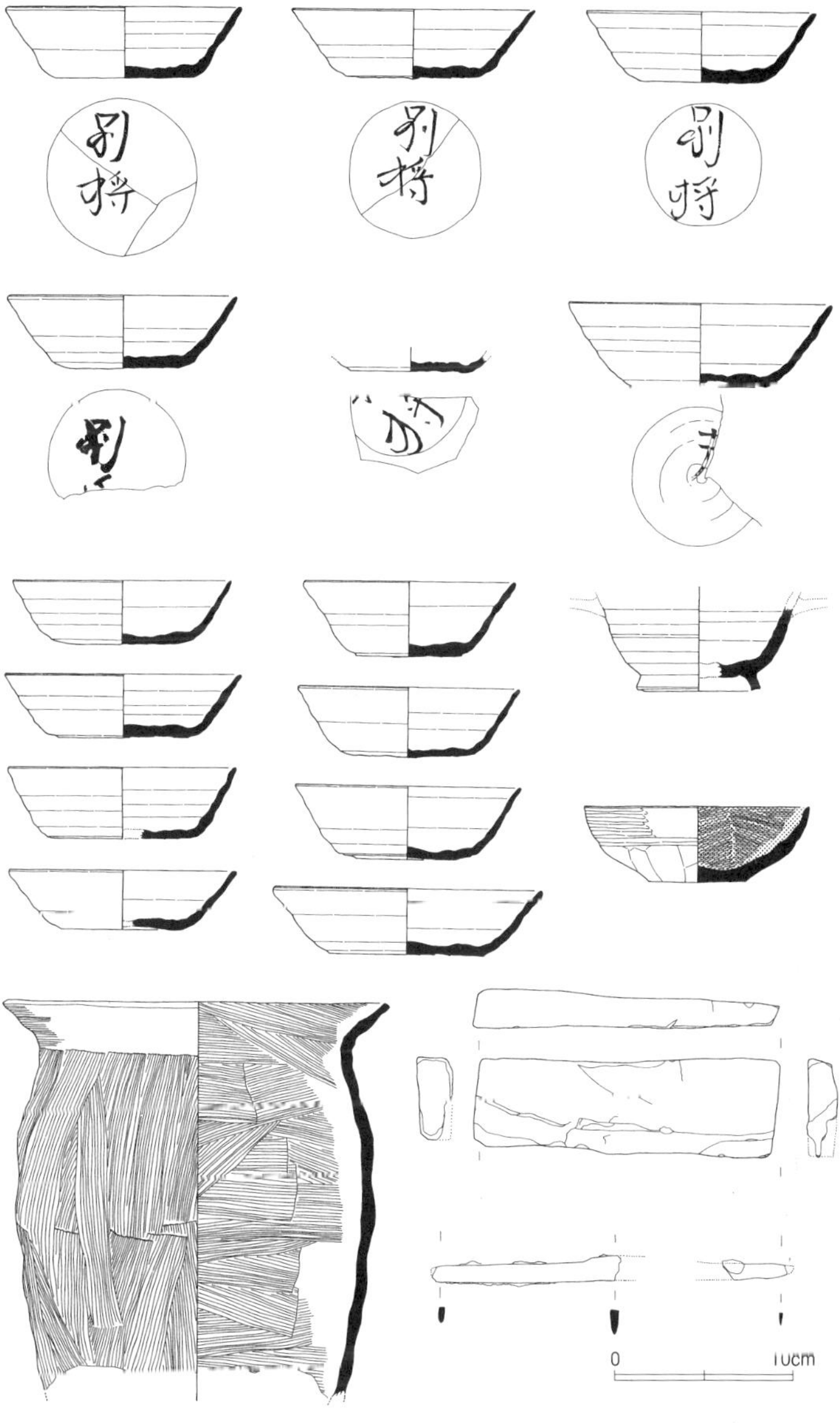

図33　「別将」銘墨書土器にともなう出土遺物

みよう（図33）。城外館畑遺跡九八―二次調査で、SI64竪穴住居跡の小土坑から出土した土器群のなかに、「別将」と墨書された須恵器坏が五点出土した。竪穴住居跡は竈をつくり替え、床面積を拡張していることから長期の使用が認められるが、小土坑は初期の住居にともなうものである。「別将」の文字は、いずれも底部に墨痕鮮やかに記されており、ほぼ同一の筆跡である。底部の切り離し技法はヘラ切りであるが、その後軽く水撫でされている。口径は一二・一～一二・八㌢《センチ》で小形である。きめ細かく精錬、吟味された粘土で成形され、重ね焼きの痕跡も残していることなどから、寄せ集め品ではなく特注に近いセットであろう。このタイプの須恵器坏は徳丹城跡では出土数のきわめて少ない形式であるといえる。

　共伴した土器組成は、須恵器では坏のほかに稜埦、蓋、双耳坏、土師器では回転台を用いていない刷毛目をともなう甕と有段平底の坏が出土している。いわゆる在地型の土師器である。これまで徳丹城跡では最古の段階にみられる組成で、第二八次SI165、第三〇次SK202、第四二次SD775で出土している。このような土器群の組成は「伊治城型組成」といわれる。胆沢城跡、志波城跡でもみられ、徳丹城跡の古い段階までは残ってきている。

　ところで、「別将」とはいったい何のことなのであろうか。「別将」の記録は『日本書紀』の「壬申の乱」（天武天皇元年六月己丑）条に「別将（すけのいくさのきみ）」、つまり「副将軍」の意で記されるが、『続日本紀』（延暦八〔七八九〕年六月三日条）の五名の「別将」が注目される。五名の「別将」とは、左中軍《さちゅうぐん》別将・池田《いけだの》朝臣《あそん》眞《ま》枚《ひら》、前軍別将・安倍《あべの》猨嶋臣《さしまのおみ》墨縄《すみただ》、別将・丈部《はせつかべの》善理《よしまさ》、出雲諸上《いずものもろかみ》、道嶋《みちしまの》御《み》楯《たて》である。このうち、池田真枚と安倍墨縄の二名は鎮守府副将軍職であったが、他三名は「裨将《ひしょう》」とよばれる下位の将校であった。つまり、「別将」というのは『日本書紀』では「すけのいくさのきみ」と訓じられているが、かならずしも副将軍でなければならないわけではないようだ。

六国史《りっこくし》における「別将」の記述は延暦八（七八九）年以降なくなる。史料上不在になった「別将」の実態が四半世紀の時を経た弘仁年間、徳丹城に実在していたことが発掘調査によって明らかにされたことは意義深いことである。

平川南によれば、「別」とは「とりわけ・ことさらに」という意味をもつ文字であることから、「別将」とは正規軍とは別に、特別の任務を目的に編制された軍隊を率いる「鎮官」のことだという。それでは徳丹城造営の頃の特別の任務とは何が考えられるだろうか。

八一三（弘仁四）年、岩手県北地域で「賊首吉《ぞくしゅき》弥侯部止彼須可牟多知等《みこべのとかすかむたち》」が反乱を起こした際、これを征するため文室綿麻呂が征夷将軍に任ぜられている。八一一（弘仁二）年、爾薩体《にさつたい》村・幣伊《へい》村の征夷をもっていったんは沈静化したはずの陸奥北半地域だったが、上述のような記録に残らないまでも小競り合いは頻繁にあったのかもしれない。また、徳丹城初見の史料に「城下及び津軽の狄俘。野心測り難し」と記述されるように、つねに潜在的な脅威と警戒感はあったのだろう。徳丹城「別将」は志波城解体現場や徳丹城造営現場を警備するため、臨時的に置かれた「鎮官」である可能性も考えられる。

（四）「徳丹城に先行する官衙」とは何か

呼称方の見直し

この官衙の性格付けや名称については、矢巾町教育委員会が編制している史跡徳丹城跡調査指導委員会の第七回委員会（一九九八年度）において、ａ「郡家《ぐうけ》」、ｂ「駅家《うまや》」、ｃ「造徳丹城所《ぞうとくたんじょうしょ》」、ｄ「志波城と徳丹城間のワンポイントリリーフ官衙」、ｅ「Ｉ期徳丹城」の可能性について検討が加えられた経緯がある。ただし、当時としては性格・名称を決定するには時期尚早であるという結論であり、要約すると以下のような意見であった。

ａ「郡家」であれば、郡庁院《ぐんちょういん》や倉庫群があるはずである。しかも大規模すぎないか？

ｂ「駅家」であれば、馬舎や多くの馬具が出土するはずである。

ｃ「造徳丹城所」という「修理府《しゅりふ》」機能を担った官衙にしては、大規模すぎないか？

ｄ「志波城と徳丹城間のワンポイントリリーフ官衙」にしては、立派すぎないか？

ｅ「Ｉ期徳丹城」としては、城郭構造をとっていないので、プレ徳丹城とは考え難い。

ただ、やはり徳丹城本体の施設が完成するにしたがって、この官衙が徐々に縮小・撤去されていく状況にあることや、竪穴住居跡からは鉄滓などが出土したことから、なんらかの形で造営にかかわった官衙である可能性は大きいと考え、一九九八（平成十）年時には便宜的に「造営官庁」という名称で呼称していた。

その後、志波城跡政庁との類似性が徐々にわかってきた二〇〇〇（平成十二）年度からは、志波城政庁の先行移転という見通しも含めて「造営等官庁」とあらためたが、「等」を付したところでどうしても「造営」機能だけが先行したイメージであることから、この名称も適当ではないという調査指導委員会の意見であった。したがって、二〇〇六（平成十八）年度以降は暫定的に「徳丹城に先行する官衙（以下、先行官衙）」という言

図34　史跡徳丹城跡調査指導委員会による現地調査の様子（2006年、第65次）

い方にあらためている。

性格と成立時期

区画溝の規模が一五〇メートルである点、内部の北西建物群の配置が志波城政庁のあり方と近似している点、遺跡全体の傾きが志波城政庁の傾きと近似値を示す点、内部に竪穴住居群を内包している点などから、この官衙が志波城機能を、とりわけ志波城政庁の機能を先行して移転させた施設である可能性が考えられる。こう考えると、この官衙の性格は志波城が担った政務の停滞を生じさせないための官衙だったと考えるべきかもしれない。しかし、徳丹城施設の竣工にあわせて、縮小されていく実態も見られることから、なんらかの形で造営にかかわっていた施設である可能性は高い。ただ、既述のとおり成立年代は不明であるとしかいえないが、志波城移転（徳丹城造営）の建議が八一一（弘仁二）年正月の和我《わが》、薭縫《ひえぬい》、斯波《しわ》三郡設置時点あるいはそれ以前から行われ、現地に徳丹城造営の縄張りが張られていたとすれば、この官衙の成立はそれ以前である可能性も否定できない。ただし、出土土器組成のなかに志波城跡ではふつうに出土している須恵器高台盤などはなく、坏なども手持ちヘラ削りを施すものが少ない傾向にあることから、全体的に新しい印象がある。したがって、この官衙の成立は志波城創建時までさかのぼることはないだろう。

4　徳丹城跡の発掘調査成果

（一）遺跡の概要

位置・立地　徳丹城跡は、盛岡市街地から国道四号を南へ約一〇キロの岩手県紫波郡矢巾町大字西徳田・大字東徳田に所在する。ここは現在の北上川流路右岸の約一キロの位置に当たる。国道四号が遺跡の西側を南北に縦断し、遺跡を東西に分断している。

北上川右岸には盛岡市南西部付近から当町を経て、紫波町古館付近にいたる二〇キロほどの範囲に、島状に連なる低位段丘が形成されるが、徳丹城跡が立地する低位段丘は、東西、南北ともに四五〇メートルある。段丘の北面は西からの小河川による開析が入って北の段丘と分断されている。また、北東面と南東面は太古の北上川による開析を受け、現北上川に向かって三角形に突出した地形を形成している。そのためか段丘東部では沖積地との比高差が一～三メートルほどあり、高低差のある地形を展開させている。遺跡の南東部には、厚い植物遺体層が発達し、もっとも軟弱で不安定な湿地帯が形成されている。

段丘の先端部から現北上川までの間には、北上川の旧流路とみられる逆堰とよばれる河川が入り込む。三角形に突出する段丘下では、近年、この旧流路から引き込まれたとみられる「運河」の痕跡も確認されている。

一方、段丘の西部一帯には谷地の地名が多く残り、後背湿地が形成されている。目視的な比高差は認められないが、段丘のもっとも高い地点とは

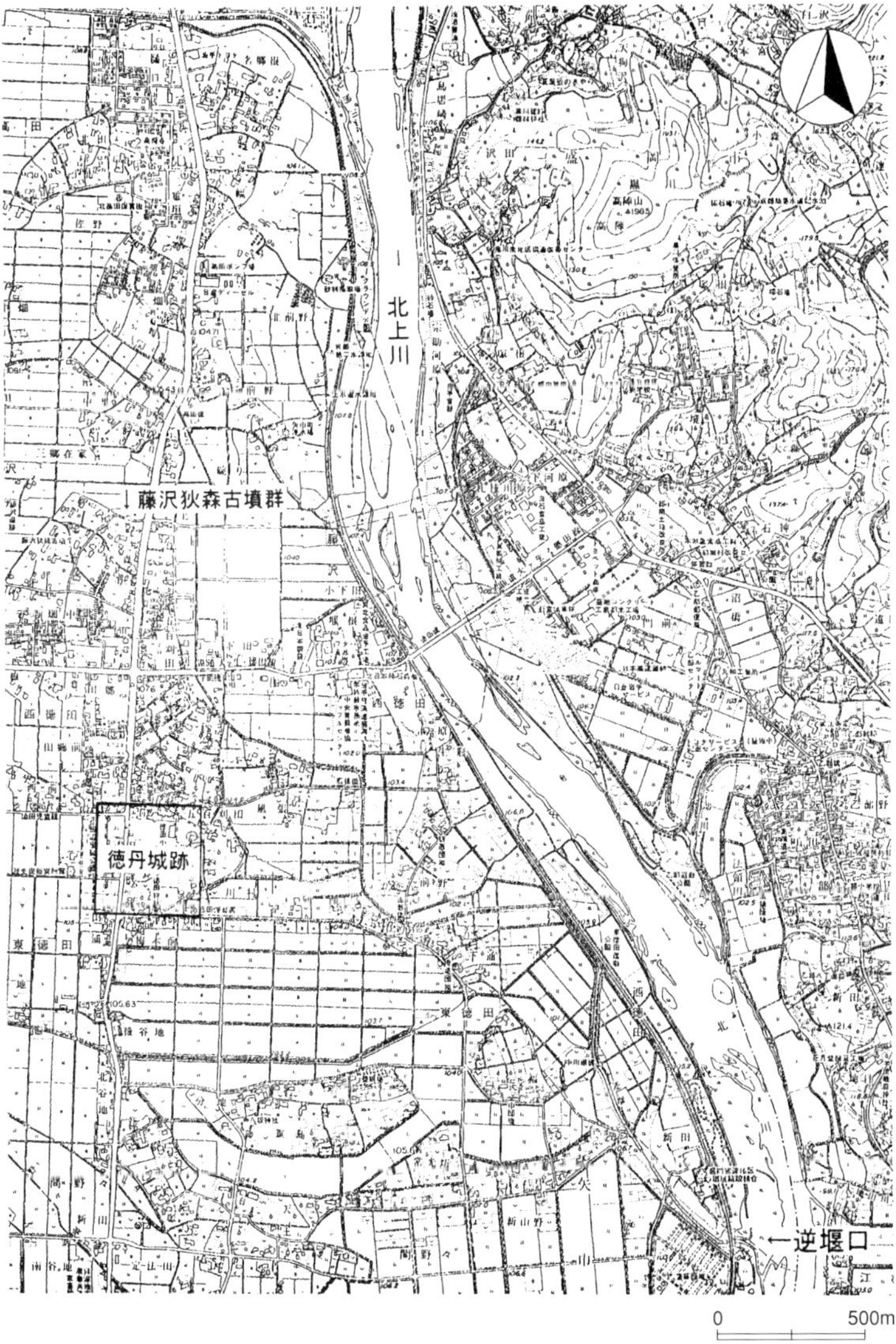

図35　徳丹城跡位置図

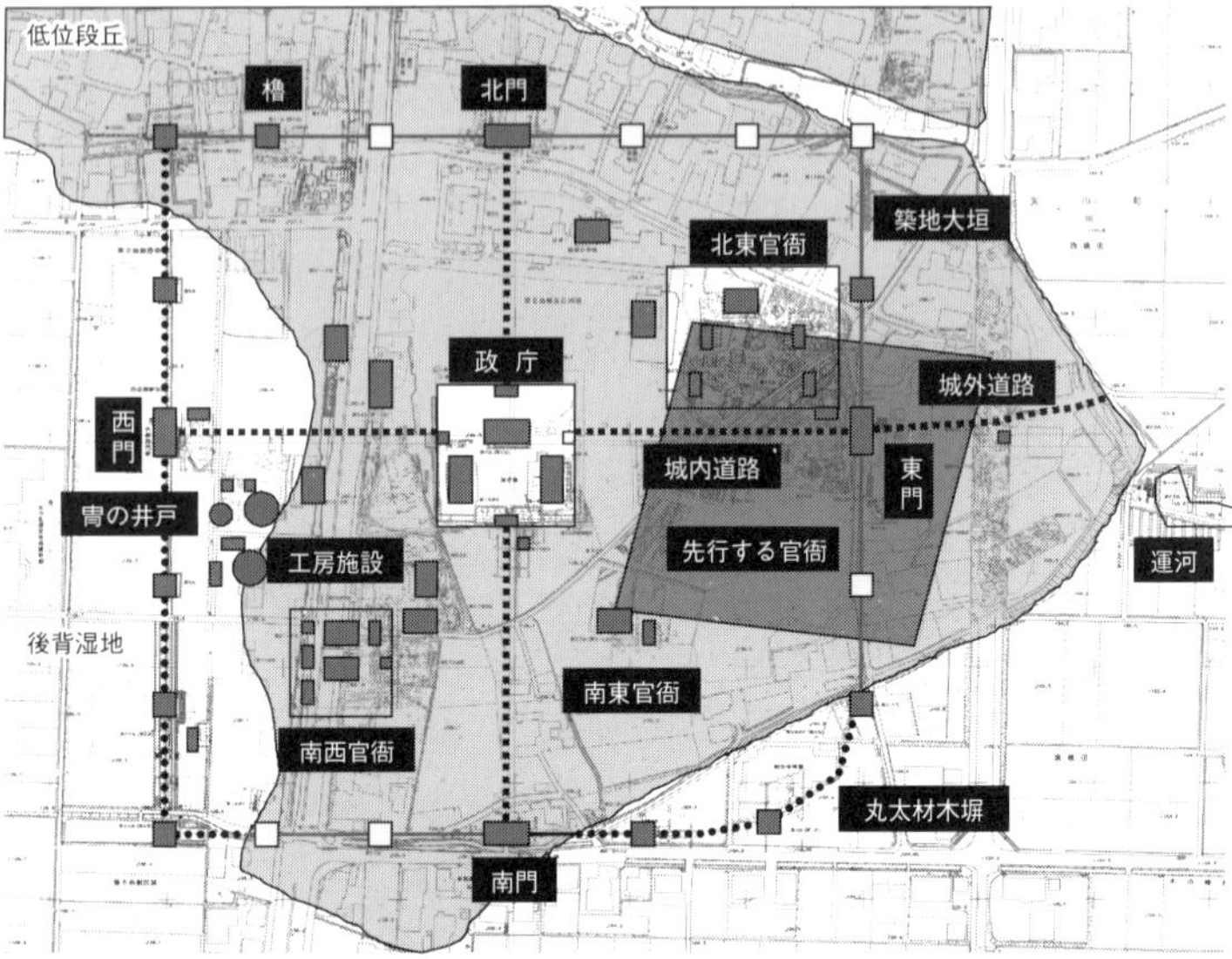

図36　徳丹城跡全体遺構概念図

〇・三～〇・五メートルほどの等高線によって画され、おおむね国道四号を境に西へ向かって徐々に低くなっていく。

島状に連なるこの低位段丘上には、百目木遺跡、藤沢狄森古墳群等の古代の著名な遺跡群が立地している。中・近世にあっては奥州街道筋として発展し、現代は国道四号の沿線として市街化が進んでいる。とくに、徳丹城跡周辺の市街化はいちじるしく、岩手医科大学の移転も作用し、徳丹城跡周辺の歴史的景観は一変しつつある。

規模・構造　外郭線の形状はおおむね正方形であるが、南東隅だけは丸く隅切りされる。規模は東西三五四・三メートル、南北三五五・九メートルあり、ともに一二〇〇尺を意識した設計とみられる。主軸方位はほぼ真北を指す。外郭線の構造は場所によって異なり、地形的に高い段丘上では築地大垣であり、低い湿地帯では丸太材木塀である。外郭線の各辺中央部には八脚門があり、これらの門を中心におおむね六〇〜八〇メートル間隔で櫓が取り付く。また、外郭線の内・外には溝がめぐり、門や櫓の位置で「コ字形」に凹んだり、出っ張ったりする構造をとる。

遺跡の中央には政庁がある。東西七六・三メートル、南北七六・七メートルの板塀で区画され、内部には正殿と東・西脇殿が配置される。政庁の各門は、東門だけが未確認である。

政庁の周辺では北東官衙、南東官衙、南西官衙を主体とする実務官衙が確認されている。近年では、外郭東門を中心とする城外におよぶ地区で「先行官衙」が、段丘下では「運河」が新規に発見された。以下、詳述していきたい。

（二）外郭線の発見遺構

外郭線を構成する遺構群には、築地大垣、丸太材木塀、内溝、外溝があり、東門、西門、南門、北門、櫓群が付属する。外郭線は、段丘上では北辺の全面と東辺・南辺の一部が築地大垣であり、湿地にかかる西辺の全面と東辺・南辺の一部は丸太材木塀である。丸太材木塀は、西辺では布掘りの掘方をともなうが、湿地の強い南東部では打ち込み式であり、地形環境によって土木工事の手法が異なっている。

築地大垣

築地大垣は、前述のとおり北外郭線・東外郭線・南外郭線で確認されている。

北外郭線が築地大垣である可能性が浮上したのは第三九次調査である。当初、西外郭線の丸太材木列は北西隅で東に折れ、北外郭線を形成すると想定していたが、丸太材木列は西辺で止まっていた。むしろ、北辺が通過するラインには小礫がめり込む硬い地盤があり、整地土層が薄く遺存して

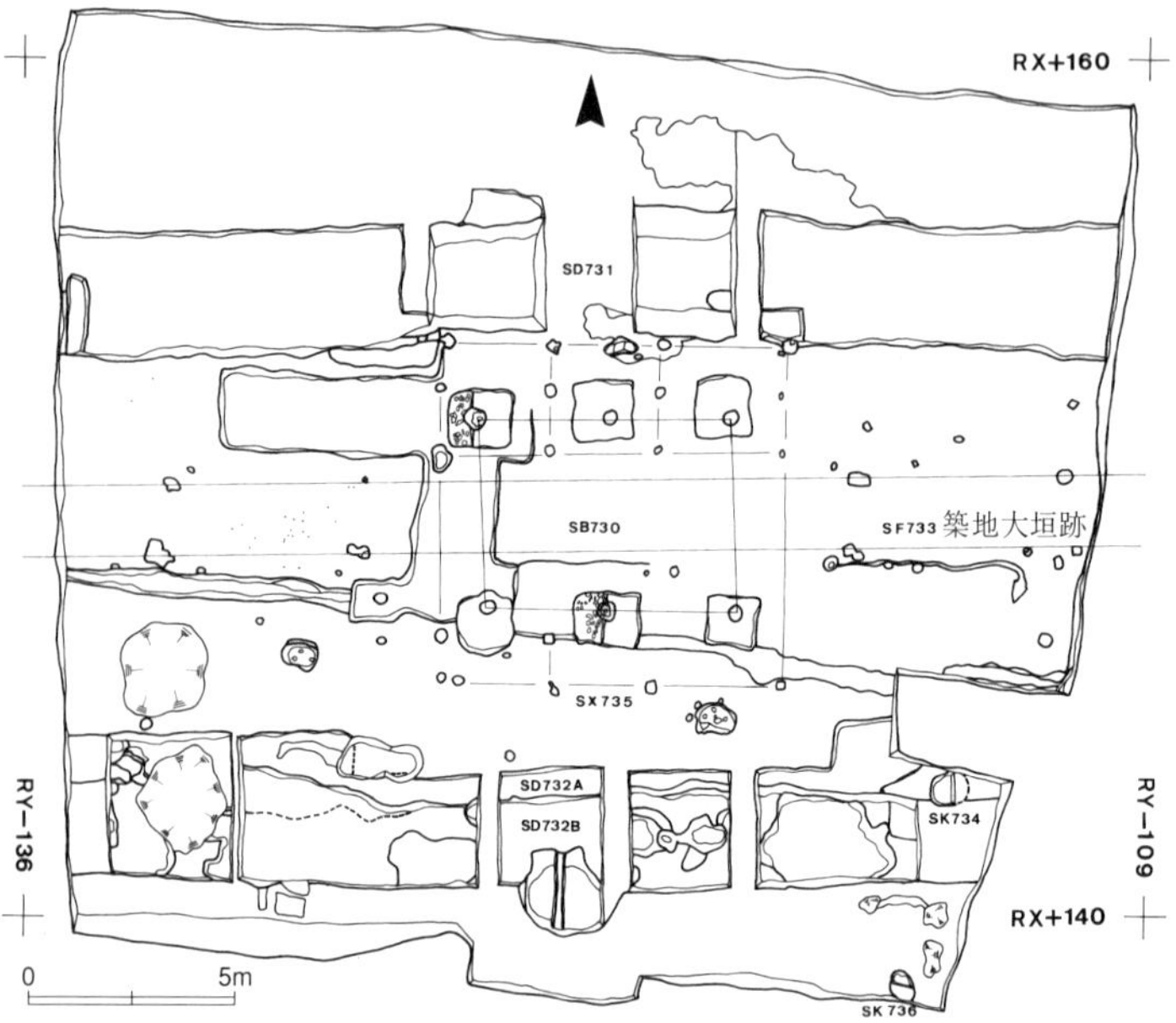

図37　北辺築地実測図（第41次）

いた。

第四一次調査では、築地大垣の積土は遺存していなかったが、状況証拠として外郭外溝上層への崩壊土の流れ込みや櫓建物の梁間が一間であること、向かい合う二列の小柱穴が梁間を通過していることが確認された。二列の小柱穴列は、土を積む際の堰板（枠板）を固定する柱痕跡で、向かい合わせの距離が基底幅に当たる。その距離は、堰板の厚みを考慮し一・二九メートルである。『延喜式』の規定にもとづけば、おおむね四尺三寸に相当し、高さは二・七〜三メートル（九〜一〇尺）程度と推定される。

積土の確保は、内溝、外溝からである。内溝の底面は連続する土坑のように凸凹した状況を留め、外溝は留めていない。外溝は整形されたと推察される。

崩壊土から出土した須恵器坏の特徴から、九世紀中葉頃の古い段階で築地大垣は崩壊したことがわかる。これを徳丹城の廃絶年代ととらえている。

東外郭線は、第五四次調査で積土の確認はできなかったが、外郭内溝に落ち込んだ版築土の塊が出土した。塊は一〇～六〇《センチ》大で、ごろごろと落ちている状況にあった。自然崩落というよりはむしろ故意に崩された印象である。

この地区でも、外郭内溝の崩壊土から九世紀中葉頃でも古手の須恵器坏が出土している。

南外郭線については、第五二次調査において、外郭南門の東翼で硬く突き固められた基底部の積土を確認している。幅は一・八～二・一《メートル》（六～七尺）であったことから、高さは三～四・二《メートル》（一〇～一四尺）と復元される。北辺の築地大垣よりは高いものになってくる。

第六一次調査では、さらに東側の湿地帯に下りる傾斜地で堰板を固定するとみられる小柱穴を一つ発見した。向かい合う柱は用水路で失われていたが、東の湿地帯から延びてくる丸太材木列が小柱穴と面を揃えて止まり、それ以上西へは延びない状況だった。まさに築地大垣と丸太材木列の接点が確認された。

このように外郭南門の東翼は、地形的に高い段丘上を四二・八《メートル》（四二尺）ほど築地大垣が延び、そこから湿地帯へ向け丸太材木列に切り替わる構造をとっている。

これは西翼の外郭線も同じである。地形が段丘から湿地に移る国道四号辺りに丸太材木列との接点が想定されることから、西翼築地大垣の長さは約一一〇《メートル》と推定される。

丸太材木塀

丸太材木塀には、①湿地環境下の打ち込み式のもの、②布掘り（掘方）をともなうものの2種がある。

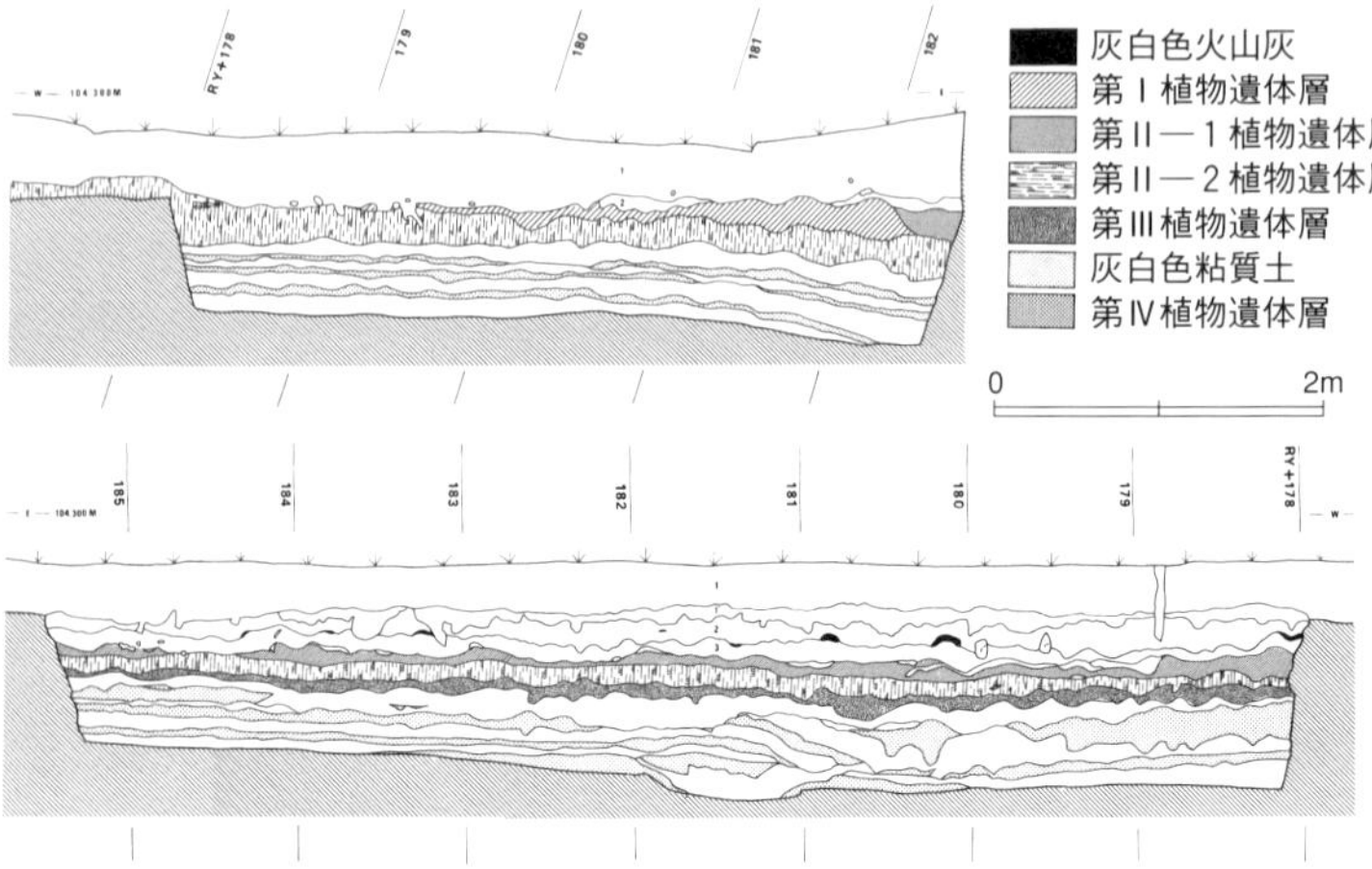

図38　南東地区湿地帯の基本層序断面図

図39　打ち込まれた外郭丸太材木の痕跡（第38次）

まず①の湿地環境下の打ち込み式の丸太材木列からみてみよう。

第三八次調査は、徳丹城跡のなかでもっとも不安定な湿地環境下にある南東地区で、外郭線の把握を行うために地盤の形成状況の確認調査を併せ行った。その結果、最上面には灰白色火山灰が二次堆積し、直下には四枚からなる厚さ四〇センチの植物遺体Ⅰ・Ⅱ-1・Ⅱ-2・Ⅲ層、さらに下には厚さ四〇～五〇センチ中に三枚ずつの黒色粘質土と白色粘質土が互層（サンドイッチ状）に形成されていた。このサンドイッチ状の粘質土の下部には、アシ・ヨシ類とみられる葉脈が腐らずに折り重なって堆積する繊維質な植物遺体Ⅳ層が発達していた。

　この湿地環境下では、丸太材木の立設は掘方をともなわない打ち込式で、サンドイッチ状の粘質土は打ち抜かれ、圧によって下方へ引きずり込まれていた。現存する一三本の丸太材木は太さ二〇〜二八センチのクリ材で、先端は杭に加工されていた。立設時には丸太材の頭を叩くのではなく、足場の櫓を組み、轆轤《ろくろ》を設置して丸太材自体の重さを用いてヨイトマケ風に打ち込んだようだ。そのため一三本のならびには出入りがあった。丸太材木は密接しておらず、一本分の隙間を開けて立っていた。

　植物遺体Ⅱ-2層上面に、曲物《まげもの》や樺《かば》ベルト、桶底板などの木製品や、漆が付着した土師器が集中していることから、この面が徳丹城の時期の生活面ととらえられる。

　一方、一九六五（昭和四十）年の第四次調査では二〇一本の丸太材木が出土している。第六一次調査ではこのうちの二六本と抜かれた痕跡一七本分を再調査した。丸太材木列は同じ打ち込み式で、一本分の隙間を開け、ならびに出入りをともない東西方向に走っていた。西へ走った丸太材木列の西端は低位段丘の手前で止まり、西から延びてくる築地大垣と接していた。

　次に、②の布掘り（掘方）をともなう丸太材木列をみてみる。

　国道四号以西は湿地環境下にあるが、比較的に安定した地盤であるため、西辺と南辺西端の丸太材木列は溝状の布掘りに立設されている。

　布掘りの幅は三〇センチ前後で、丸太材木の太さ二〇センチよりも若干広い。深さは七〇〜一〇〇センチと、浅い箇所や深い箇所がある。丸太材木の基底にはすべてではないが、半截丸太が礎盤状に掘えられている。丸太材木はこの地区でも一本分が抜けた

図40　外郭南辺の丸太材木列（第61次）

状況で立設されている。布掘りの詰め土には、木材のチップや廃材などが無数に入っている状況だった。

従来、打ち込み式のものを含め高さがわからなかったが、北外郭線などが築地大垣であることがわかったことにより、高さの推測が可能になった。

ところで、徳丹城跡の丸太材木列は、払田柵遺跡のように角材が密接して並んでおらず、隙間がある。これはなぜだろうか。丸太材木の調達がまにあわなかったとか、あるいは材木を節約したためなど、いろいろなことが考えられる。いずれも憶測の域を出ないが、ある土木技師は「密接させると、地力が低下するから」という。そうかもしれない。だが、払田柵遺跡の角材列は現に密接して立っている。実証的な答えはわからないが、筆者は風対策と水対策ではなかったかと推測する。つまり、西外郭線が対風であり、南東地区が対水である。

徳丹城跡が立地する位置は、西側や北西側に後背丘陵などがいっさいない平地であり、偏西風や風雪をまともに受ける。実際、支線を取らない電柱は強風を受け南東へ傾いている。古代でも密接させた塀では風圧をまともに受けたのではないかと推察される。

一方、南東地区の湿地帯は、一九一〇（明治四十三）年、大洪水に見舞われ冠水した記録がある。一九四七（昭和二十二）年のアイオン台風でも大被害を蒙った。つまり、古代でも南東地区は頻繁に冠水した可能性は高く、密接させた塀では水圧をまともに受けたはずである。南東地区が洪水の常襲地区でありながら、あえてこの湿地を城内に取り込んだのにはわけがある。

それは水洗作用を考慮してのことだろう。遺跡のなかでもっとも低い南東湿地は、段丘上からのゴミの廃棄場所として使われていた形跡がある。出土した木製品が良好な湿地の植物遺体層にパックされていたにもかかわらず、破損したり、未製品だったりしているのである。また、曲物を固定する樺ベルトが原材料の状態だったり、漆パレットの土器片などもあった。工房からの廃棄品だろう。おそらく生ゴミなどもあっただろうし、便所などもあったかもしれない。水洗作用と水捌けを考慮した対策だったのではないかと推察される。

築地大垣、丸太材木列の別を問わず、その内側と外側には溝がめぐる。ただし、南東地区の湿地帯のなかでは確認されていない。

内溝・外溝

外郭線内溝・外溝は、胆沢城跡や志波城跡では確認されていたが、徳丹城跡では第二二次調査で初めて確認した。

まず内溝からみてみよう。

内溝は新旧二時期の掘削が認められるが、旧溝は縄張り溝であろうと考えられる。この縄張り溝が顕著に確認できたのは、第二二次・第四一次調査である。

第二一次調査は、南西隅櫓から一つ北にある西

図41　上空からみた外郭北辺築地　両側に溝がめぐる（第41次）

辺櫓の位置で実施した。旧溝は、櫓の位置で溝全体がルーズに張り出し、新溝は整った形状で張り出していた。旧溝の埋没状況はやや不明瞭な箇所もあるが、少なくとも下層は自然堆積で埋まっている。

一方、第四一次調査は北西隅櫓から一つ東にある北辺櫓の位置で実施した。旧溝は櫓の位置で溝の一部が凹むが、新溝は直線的に掘られていた。旧溝は明らかに自然堆積である。新溝は底面の凸凹がいちじるしいことから築地大垣の土採り穴をかねている。必然的に旧溝は築地大垣構築前に掘られていることになるが、問題は旧溝が自然堆積で埋没するのに要する時間である。少なくとも冬季の凍結と雪解け後の崩落を一～二季は経験している埋没状況にある。

鈴木拓也は、徳丹城は志波城水害の弘仁二（八一一）年閏十二月十一日の着工から三カ月間で完成したという（あるいは、主要施設や器財等の移転だけが三カ月間だったと理解すべきか）。筆者は、造営工事では警備上外郭北辺、西辺、南辺が先に閉鎖され、建設資材の搬入上東辺が最後に閉鎖されたとみている。仮に、全外郭線の閉鎖が最後に行われたとしても、着工までの間に縄張り溝

▲外郭外溝跡（西から）

▲外郭内溝跡（西から）

▲同上　土層断面（西から）

▲同上（西から）

▲同上

▲築地土採り穴の連なり状況（南から）

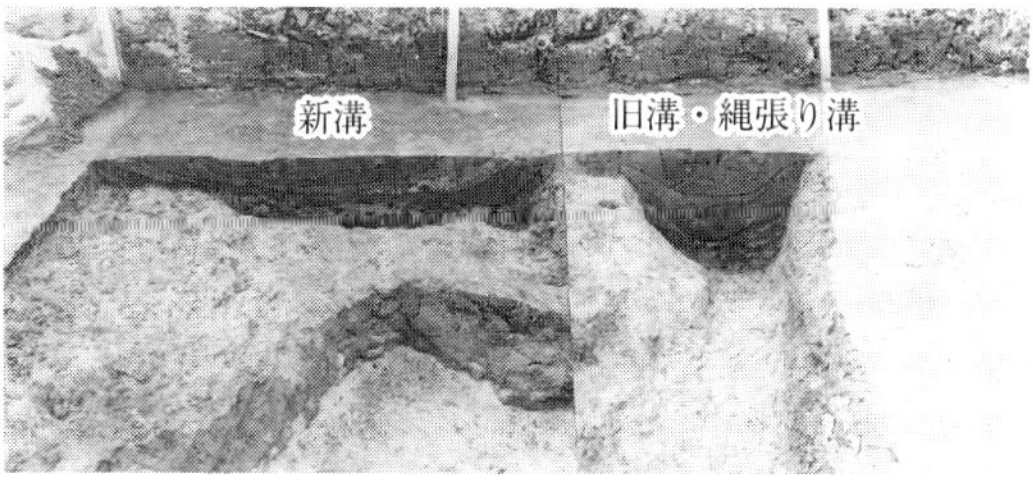

▲外郭内溝跡　土層断面（東から）

図42　縄張り溝と外郭内溝の重複

図43　第40次調査区全体図

は三カ月間では埋まらないだろう。ただし、徳丹城造営の建議が閏十二月よりも一〜二季前に行われあらかじめ縄張りが着工されていた場合、鈴木のいう閏十二月からの着工を仮定したとしても自然堆積で埋まる時間は得られるだろう。こう考えると、同年正月の和我、薭縫、斯波三郡設置時点での縄張りというのは正鵠を得たものになってくる。

なお、第六三次調査では、外郭西門の正面にかかる幅三・六メートルの橋杭を確認している。

次に、外溝と橋杭・土橋についてみてみる。

第二二次・第四一次調査で外溝の縄張り溝が確認されているが、第二二次調査の縄張り溝の上層は人為的（?）な埋め戻し状況にある。

外溝は、内溝同様に門のある位置では外に張り出すが、櫓の位置では張り出さない。外への張り出し規模は、東門位置では正面一八メートル（六〇尺）

図44　外郭外溝の張り出し（第27次）

の範囲が一五メートル（五〇尺）ほど、北門位置ではともに二一メートル（七〇尺）規模で張り出している（図43）。

北門位置では、張り出し規模が大きく、形状は正方形に整い、溝のすべてがきれいに掘り抜かれるものだったが、正面に架かる橋は幅　・五メートル（五尺）と貧相なものだった。

一方、東門位置では、張り出し形状は崩れるものの、正面に幅一五メートル（五〇尺）の掘り残し部分（土橋《どばし》）があった（図45）。土橋であれば、地面と同じ強度であることから、貧相な北門の橋とは異なる。また、北門の橋の一〇倍の通行幅を確保していること自体、人・ものの往来が頻繁だったことを物語っている。つまり、城柵官衙の場合、南が正面であり、必然的に南北軸に重要度が増す。それは徳丹城も同じことではあるが、実質的には東側、北上川方面からの人やものの流れが重視さ

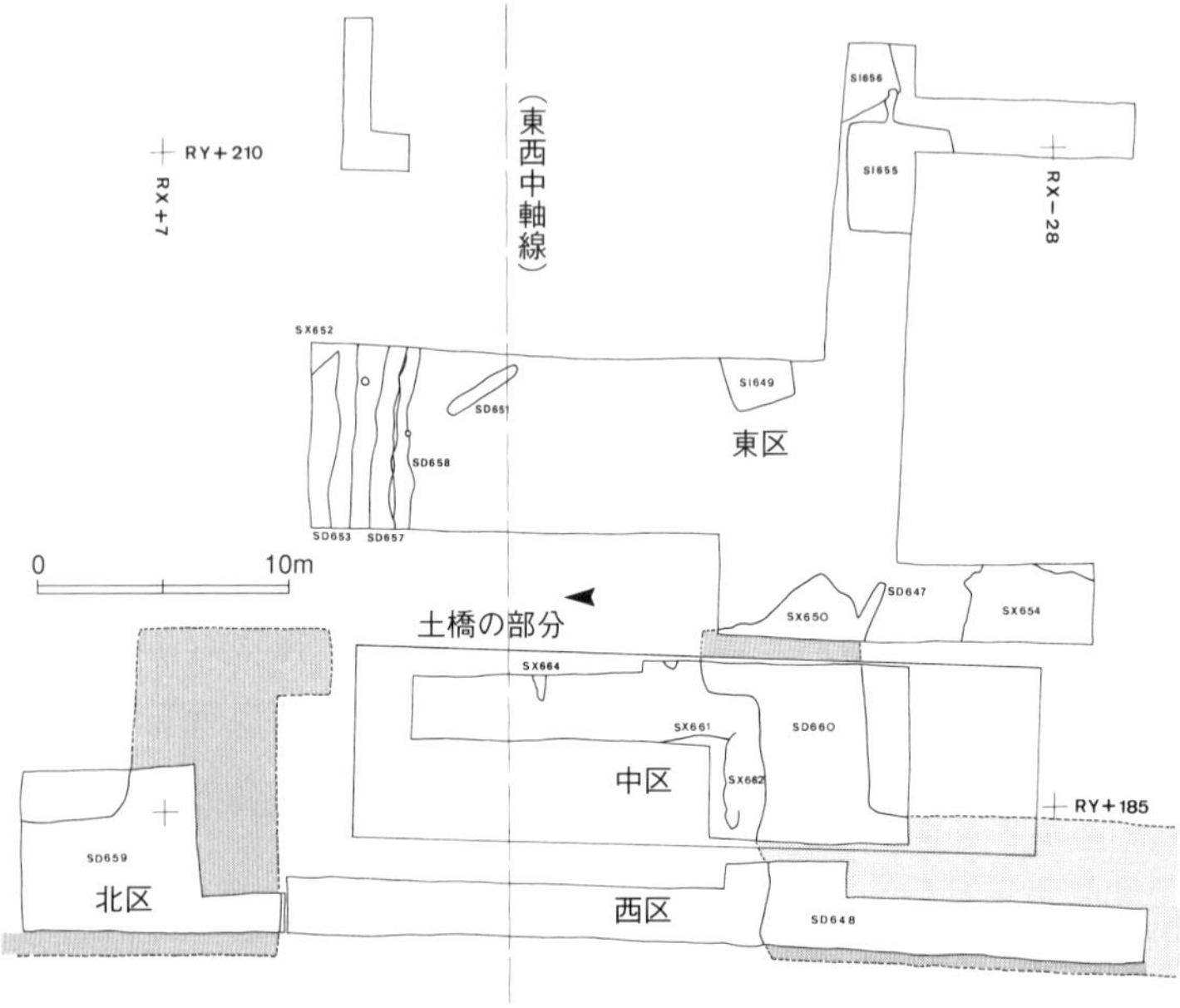

図45　外郭東門跡の土橋実測図（第37次）

れていた。外郭南門が政務上格式の高い正門であったことに対し、東門は実務上の正門だったのである。

この土橋を確認した第三七次調査当時は、土橋から城外に広がる平坦な地形と、段丘先端から北上川方向へ流れる小河川（木の輪堰）の存在から、徳丹城における東門とは東方を強く意識した存在であり、徳丹城自体もこの東方に広がる自然地形を巧みに利用することで徳丹城の機能そのものが成り立っていたのではないか、と推論していた。

その後、城外の様子が判明していくと段丘直下では運河が発見され、単なる推論ではなくなった。今日、徳丹城の東側に広がる空間と段丘下の運河、そして北上川水運の重要性を唱えない者はいないが、すべてはこの幅一五メートルの土橋の発見から始まっているのである。

図46　外郭西門跡（第63次）

外郭外溝が完全に没したのは、第四〇次調査で築地大垣の崩壊土から出土した須恵器坏や第二八次調査で最上層から出土した灰釉陶器《かいゆうとうき》片から、九世紀中葉頃ととらえている。灰釉陶器片は黒笹《くろざさ》一四号窯式の長頸瓶で、九世紀第2四半期の後半を上限としている。

門

徳丹城跡では、東西南北のすべての門を調査している。

東門は、建物の東半分が史跡指定地外へ出ているという制約はあったが、第四二次・第五四次調査で桁行三間（九尺・一二尺・九尺）、梁間二間（八・五尺等間）、三間一戸の八脚門であることがわかった。調査した範囲からは、建て替えの痕跡は確認できていない。柱痕跡は、直径五三〜六四センチと不揃いである。

西門は後背湿地のなかにあるため、唯一柱脚が残っている。桁行三間（九尺・一二尺・九尺）、

図47　出土した刻字のある柱

梁間二間（八尺等間）、三間一戸の八脚門である。柱脚は直径四五～六〇センチで、樹種は北東隅・北西隅・南西隅の三本がケヤキ、他はすべてクリ材である。扉を受ける本柱の内側には集中的な玉石の詰め込みがあり、方立《ほうだて》や幣軸《へいじく》などを支えた基礎地形であろう。また、西門の柱を建てた後に外郭線の丸太材を取り付けた施工順も明らかになった。本柱の掘方から徳丹城跡では新しい段階の須恵器坏が出土している。糸切りで底部が小さく、「寸」銘の墨書がある。遺構痕跡をとどめない建て替えがあった可能性も否定できない。

なお、第五次調査時に取り上げられた北東隅柱には「由北角柱」と刻字されていたらしいが、現在、文字は剝落した。また、第六三次調査では西桁の北から二本目の柱に「西門」と読める刻字を確認した。

南門は、徳田神社境内に位置する。桁行三間

図48　上空からみた外郭南門跡（第52次）

（九尺・一二尺・九尺）、梁間二間（八尺等間）、三間一戸の八脚門である。調査した範囲からは、建て替えの痕跡は確認できていない。柱痕跡は、直径四〇〜五五センチと不揃いである。

第七次調査では、緑釉瓦とされる丸瓦が出土しているが、これは布目に残る吊紐《つりひも》の痕跡からみて近世瓦であろう。むしろ、門扉の釘隠しと推定される正六角形を呈する鉄製品が注目される。なお、この門が朽ちた後、通路部分は一五世紀後半頃道路となった。

北門は、桁行三間（九尺・一二尺・九尺）、梁間二間（八・五尺等間）、三間一戸の八脚門である。調査した範囲からは、建て替えの痕跡は確認できていない。柱痕跡は、直径三六〜五　センチと不揃いで、他の三門にくらべて細めである。

各門に共通することは、間口の脇間の寸法に比して梁間が浅いことである。このことから八脚門とみているが、志波城のような櫓門を唱える研究者もいる。また、採用されている尺が、東門と北門が二九・八センチで天平尺に近く、西門と南門が三〇・二～三〇・五センチと曲尺に近い。造営段階で二つの尺を使用したことも考えがたく、西門の建て替えの可能性を含め、将来の検討課題である。

櫓

　全域で一七棟推定され、一〇棟が一度調査されている。門を中心に北辺で五六メートル、西辺で六三～八〇メートル間隔で外郭線を跨いでいる。地形環境によって、①掘方をともない築地大垣を跨ぐタイプ、②掘方をともない丸太材木塀を跨ぐタイプ、③湿地環境の打ち込み式のタイプの三タイプに区別される。

　①の掘方をともない築地大垣を跨ぐタイプの櫓は、北西隅に一棟、北辺に四棟、北東隅に一棟、東辺に二棟、南辺に二棟あると推定される。ただし、北西隅櫓は西辺の丸太材木列も跨いでいる。また、北東隅櫓は小河川の浸食ないしは地形の改変により外郭線北東隅自体が未確認であるため、実態は不明である。

　実態がわかっている櫓は、北西隅櫓（第三九次）と、一つ東隣りの櫓（第四一次）であるが、典型は第四一次調査の櫓である。桁行二間（二〇～二〇・五尺）、梁間一間（一四・五～一五尺）あり、築地を跨ぐ都合上、梁中柱が存在していない。

　②の掘方をともない丸太材木塀を跨ぐタイプの櫓は、北西隅櫓を含め西辺に五棟ある。北西隅櫓は桁行二間、梁間一間（南梁二間？）の南北棟で、桁は北間が広い。これは北間で築地大垣を跨ぐためだろう。このタイプの櫓の典型は第二二次調査の櫓である。桁行二間（二一尺）、梁間二間（一四尺）で、梁の西間で外郭線を跨いでいる。つまり、櫓の中心は城内側に寄って建てられてい

図49　南辺部の櫓（第61次）

る。柱脚はおもにクリ材を使用していたが、ケヤキ材も混在していた。太さは梁中柱で二四センチ、側柱で四五センチである。

③の湿地環境の打ち込み式のタイプの櫓は三棟ある。いずれも外郭線が丸く隅を切る南東地区の湿地環境下に立地する。このうち第三八次調査では東辺部で一棟、第六一次調査では南辺部で一棟を調査した（図49）。

南辺部の櫓は、桁行二間（二一尺）、梁間一間（一四尺）で、梁の中央で外郭線を跨いでいるが、外郭線の丸太材木の一本が梁の中柱を兼用している可能性がある。柱はクリ材とケヤキ材が混在するが、クリ材が主体である。太さは三三～四〇センチである。

東辺部の櫓は、基本的に梁間は一間（一四尺）である。柱の太さは四〇センチ強で、この太い柱をみごとに打ち込んでいる。櫓の周囲に細い木材が刺さった状態で出土しているので、足場と轆轤《ろくろ》を組み、ヨイトマケ風に打ち込んだと推察される。また、サンドイッチ状の層を柱の圧が下方に引きずり込み、打ち抜いている様子は実に生々しい。

（三）政庁の発見遺構

政庁は遺跡中央やや北寄りの位置にある。施設構成は、区画施設として板塀、板塀に取り付く西門、南門、北門の各門、南門の両翼建物、内部施設として正殿、東脇殿、西脇殿がある。その他の内部施設の実態については不明であるが、政庁北西部の調査（第六六次）では、正殿後方西寄りの位置に方位を違える雑舎が一棟確認された。北西の空間には土坑以外にこれといった遺構は見当たらない。ただし、造営段階の小鍛冶工房を抱える竪穴住居跡と井戸跡が確認されたが、政庁が機能した段階では撤去されている。

区画施設

政庁区画が一本柱列を基本構造とする板塀であることは、第一二次、第一四次調査などで確認されてはいたが、規模等不明な点が多かった。そこで第六〇次調査では、北西隅、南西隅、南東隅を同時に調査し、距離を直接計測した。その結果、南辺が七六・三メートル、西辺が七六・七メートルであることと、西辺が真北に対して六分五秒西へ傾いていることが判明した。なお、第六六次調査では未確認だった北東隅を確定した。

政庁が立地する地形環境は遺跡のなかでは高い方だが、「先行官衙」が立地する東門地区にくらべればやや低く、西へ向かって徐々に湿潤な環境に変移する地域である。第六〇次・第六六次調査では、正殿以西に若干の窪地状の湿地が入り込んでいる状況が確認され、この湿地にかかる政庁北西部の広い範囲に整地が行われた痕跡や、とくに

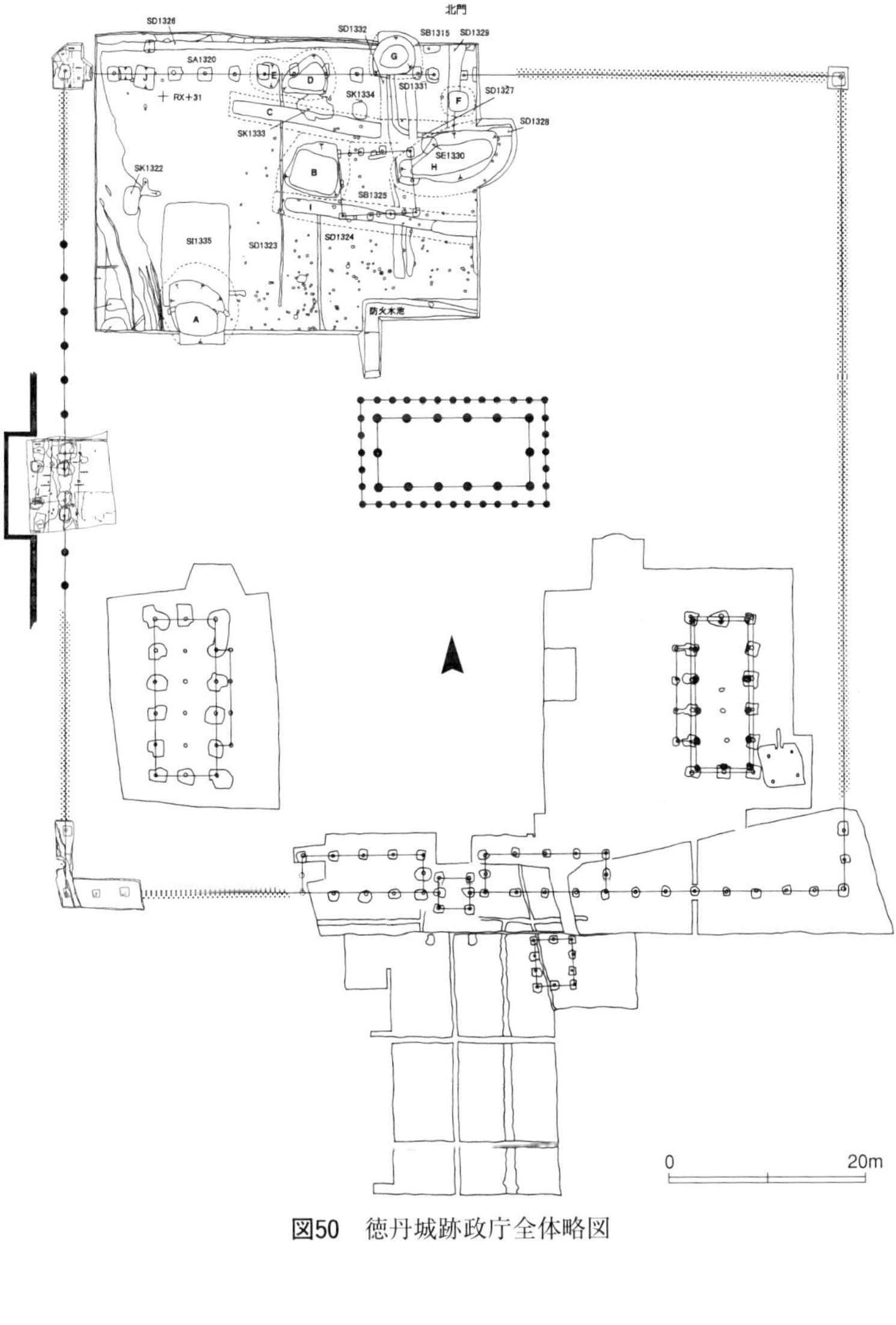

図50　徳丹城跡政庁全体略図

西辺区画が掘り込み地形を施した後に建てられていたことなどがわかった。

柱列は三メートル（一〇尺）等間で並ぶ。一辺二六間、二六〇尺と推定される。柱の太さは約三〇センチでほぼ均一的である。柱は切断され一度再建されるが、全域に及ぶかどうかは未確認である。

また、区画に沿った外側には溝がめぐるが、内側では確認されていない。

門

門跡は西、南、北で確認されているが、東門だけが未確認である。

西門は間口一間（一〇尺）、奥行き一間（八・五〜一〇尺）の掘立柱建物で、本柱は区画施設の柱筋に揃うが、控え柱が外（西側）へ一〇尺出る。一度再建されている。

南門は間口一間（一〇尺）、奥行き二間（五尺等間）の掘立柱の四脚門である。建て替えの報告はない。

北門の構造は西門同様、控え柱が外（北側）へ出る間口一間（一〇尺）、奥行き一間（一〇尺）の掘立柱建物で、一度再建されている。なお、北門跡の西面から南面にかけて「L字形」に走る溝が確認された。溝のなかには杭が立っていた痕跡があり、なんらかの構造物には相違ないが、今後検証を要する遺構である。

さらに、南門の両翼に桁行四間（一〇尺等間）、梁間二間（六・六尺等間）の東西棟が付く。建て替えの報告はない。

内部施設

内部施設としては、正殿、東脇殿、西脇殿、正殿後方の雑舎が確認されている。

正殿は、第三次調査で建物南半を、第九次調査で北半が確認されたが、正確な位置や変遷は未解明である。桁行五間（一四・五七メートル）、梁間二間（五・九一メートル）の身舎に四面廂がめぐる建物で、

図51　政庁区画の板塀と北門（第66次・東から）

廂の出は一・六七《メートル》。床束柱はなく、側柱が現存するらしい。柱の太さは四〇《センチ》。ただし、廂の出が浅いことから、志波城跡の正殿同様、廻り縁である可能性が高い。

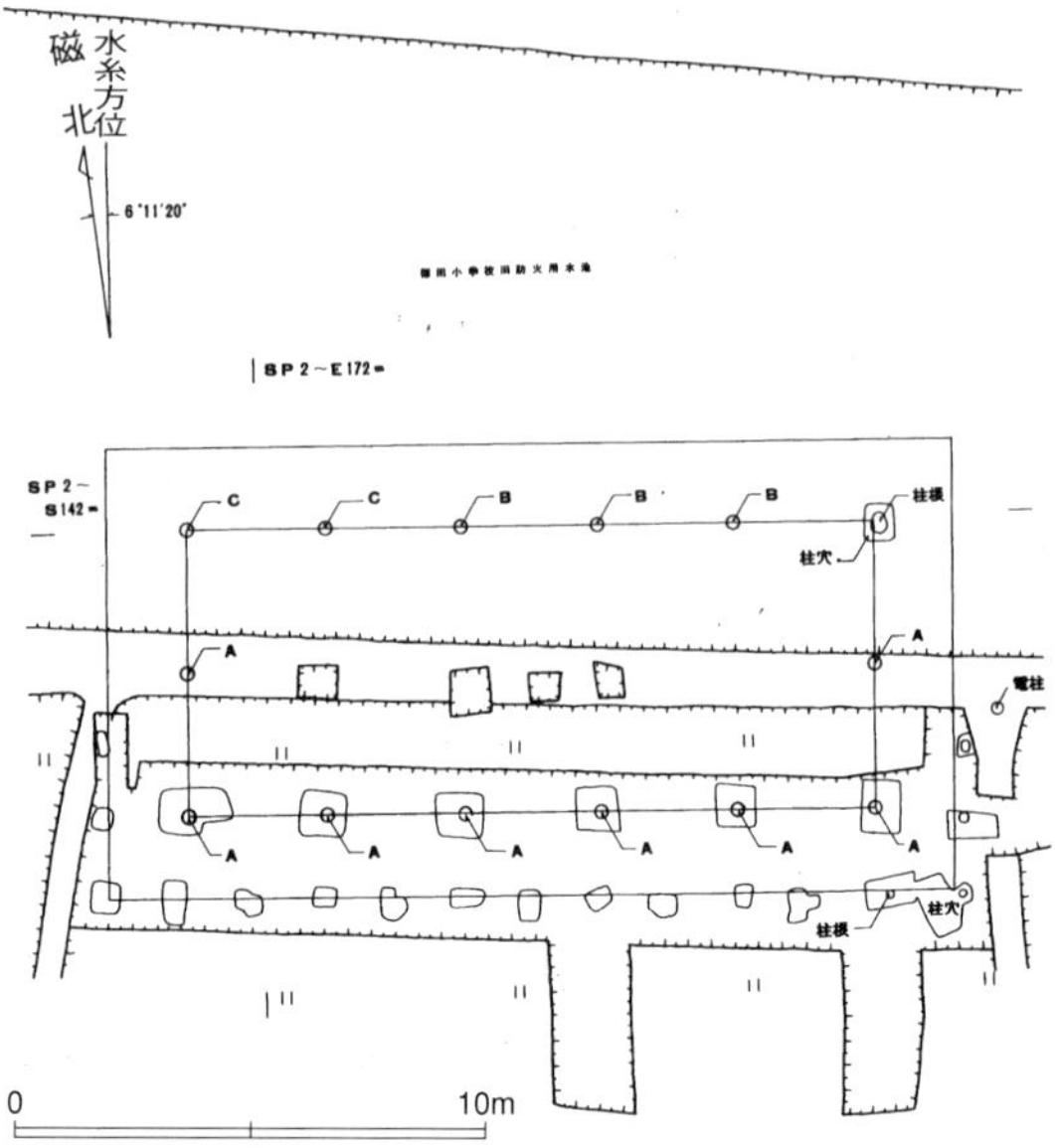

図52　正殿跡略図

東脇殿は、第一八次調査によると、桁行五間（一〇尺等間）、梁間二間（一〇尺等間）の南北棟で、西桁の中三間分に出が一・五《メートル》（五尺）の廂が付く旨報告されている。正殿同様廂の出が浅いことから縁だった可能性が高い。また、床束柱が報告されている。ある時期掘立柱建物から礎石建物に建て替えられ、廂（？）が撤去された。不明な点が多く、再検証が必要である。

西脇殿は、第一八次調査によると、東脇殿を反転した状態の同規模の建物であるが、同じく再検証が必要である。

正殿後方の雑舎は、正殿後方とはいっても後殿のある位置ではなく、中軸から西へ外れた位置である。桁行三間（八尺等間）、梁間二間（一〇尺等間）の東西棟で、西で四・五度ほど南へ傾く。政庁区画や内部の建物群のなかに、この雑舎が規制を受けたような施設はなく、正殿等主要な建物

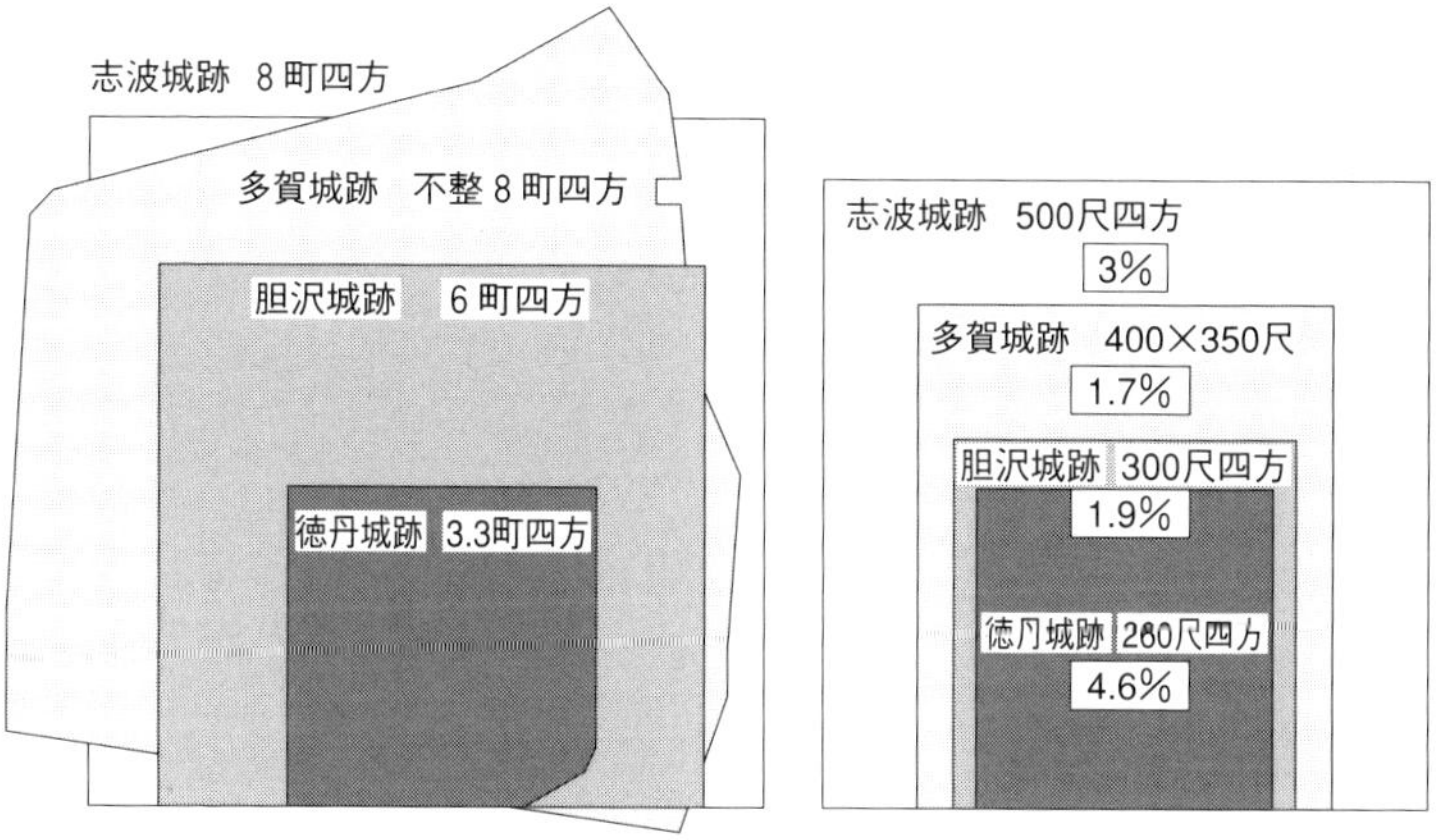

外郭の規模（1町＝108m）　　政庁の規模（100尺＝約30m）

※盛岡市教育委員会作製図を基に、修正加筆した。

図53　規模比較の概念図

群と同時期の建物とは考えがたい。先行官衙の南建物と同じ傾きを有することから、造営段階の建物と推察される。

他城柵の政庁との比較

徳丹城跡は、他の城柵にくらべると全体の規模こそ小さいが、外郭規模に対する政庁規模の占める割合を、多賀城跡、胆沢城跡、志波城跡との比較のなかでみていくと、じつはもっとも大きい。多賀城跡がもっとも小さく一・七％。次に胆沢城の一・九％、志波城の三％、徳丹城跡の四・六％である。これは城の全体規模が小さくなっても、政庁の機能は相変わらず重要だったことを示している。既述のとおり蝦夷との共生を図る時代の城柵としてより行政的であり、蝦夷への饗給が盛んに行われ、政庁の役割が増していたのであろう。政庁まわり三〇メートルの空間帯も、政庁の威厳を高めるための空間整備だったと推察されるのである。

（四）実務官衙の発見遺構

政庁を中心に北東官衙、南東官衙、南西官衙を確認している。建物配置や構成、変遷が明確で、南東官衙以外は区画施設も判明している。

一方、政庁周辺で建物や井戸が単体で存在する状況を確認している。しかし、これらはすべて政庁まわり三〇メートルの空間帯の外で発見されており、志波城跡とは異なった様相を示している。ちなみに、三〇メートルの空間帯内では、今のところ南門の番小屋以外は確認されていない。

北東官衙　主舎殿と南側の東・西に副舎殿、さらに南側の東・西に第二副舎殿が配置される。全体が扇形を呈し、奥行き感をもたせた配置である。

区画施設は、小柱穴列を支え柱とする簡易な板垣状のもので、規模は政庁よりも広く、東西約九〇メートル、南北約七八メートルと推定される。

建物配置をみていくと、主舎殿は桁行六間、梁間一間の身舎に南廂が付く東西棟で、身舎は三間に間仕切りされる。掘方には直接の重複はないが、ほぼ同じ位置で小規模な建物に建て替えられる。副舎殿は東・西ともに桁行三間、梁間二間の同規模の南北棟であるが、西副舎殿には東廂が付く。東副舎殿は撤去され、内側に寄った位置で小規模に建て替えられる。西第二副舎殿は桁行五間、梁間三間で、梁間の両面に廂（縁？）が付く。東第二副舎殿は桁行四間、梁間二間で、南梁間にのみ廂が付く。東第二副舎殿は撤去され、小規模な建物への建て替えが想定される。

遺構変遷は二時期あり、Ⅱ段階では東側建物群が小規模化する傾向がみられる。西側建物群がⅡ段階まで残るのかどうかは不明である。

南東官衙　三棟の建物が確認されているが、この三棟で終結するのかどうか、官衙

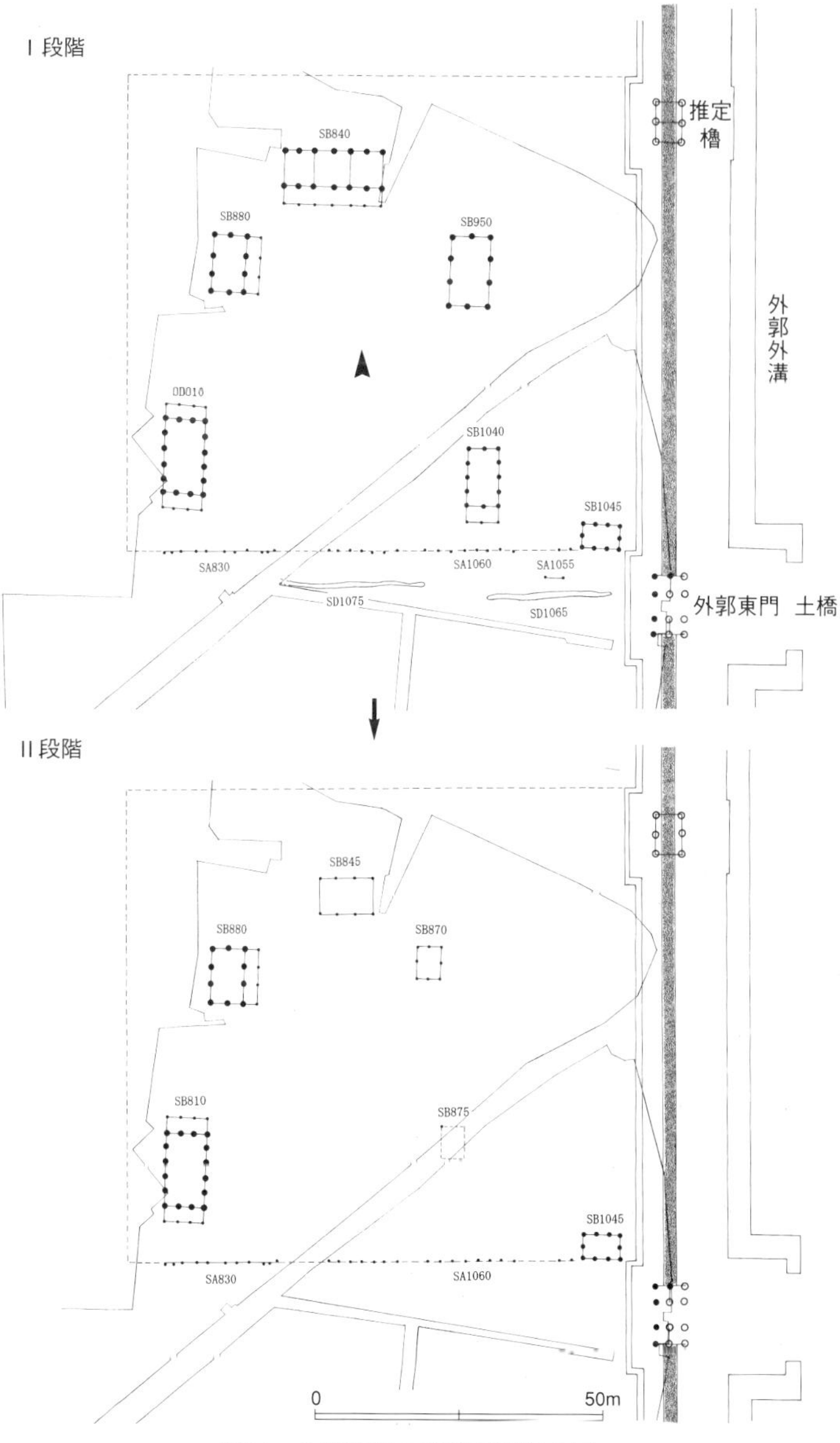

図54 北東官衙の遺構変遷概念図

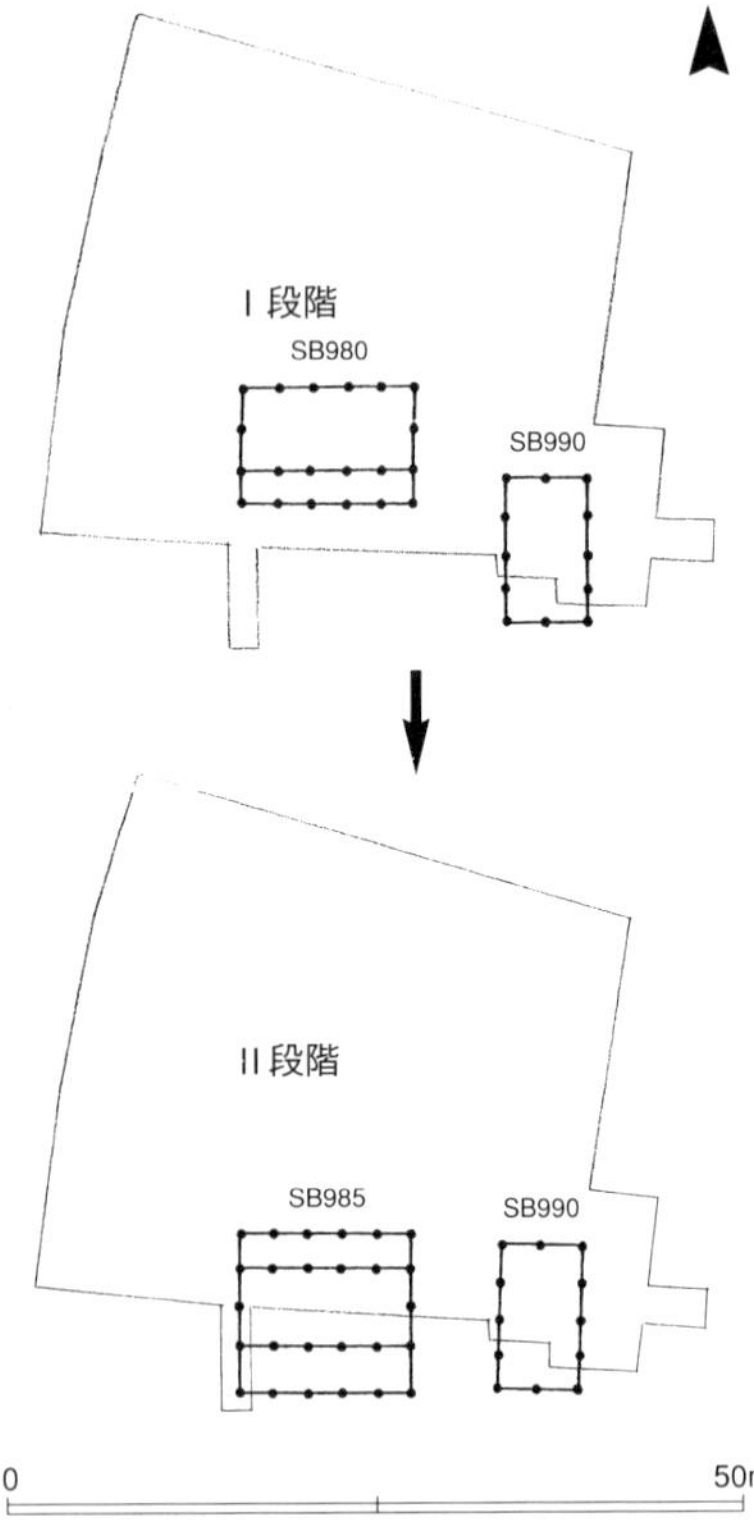

図55　南東官衙の遺構変遷概念図

の広がりはわからない。また、区画施設も確認されていない。

建物配置をみてみると、主舎殿とみられる建物は、桁行五間、梁間二間の身舎に南廂が付く東西棟である。その後、同位置で南側にスライドさせた形で建て替えられる。建て替え後の建物の身舎は同規模であるが、北側にも廂が付く二面廂建物となる。この建物の東側には、桁行四間、梁間二間の南北棟の付属舎が建つ。建て替えはない。

遺構変遷は二時期あり、Ⅰ段階にくらべ、Ⅱ段階でより重要性が増した官衙である。付属舎がⅠ段階に存在したことは、主舎殿との柱筋を揃えている状況からみて確実であるが、Ⅱ段階まで変遷したかどうかは不明である。

南西官衙

南道路（外郭南門から政庁南門を結ぶ城内道路）を挟んで南東官衙の真向かいに位置している。施設構成は、区画施設、門、目隠し塀、建物群である。建物群は、区画内の北辺から西辺にかけ「逆L字形」に配置され、

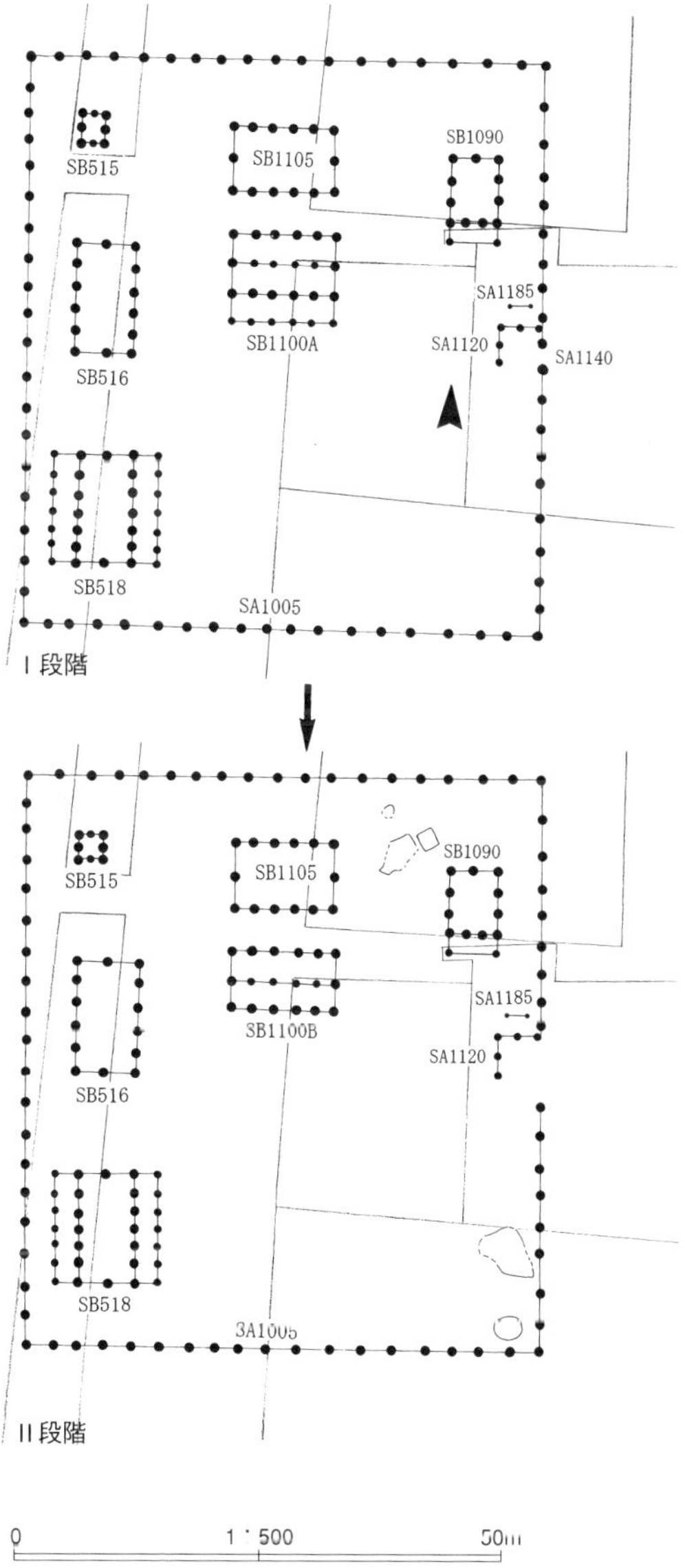

図56　南西官衙の遺構変遷概念図

南東部には広場が開けている。徳丹城跡では、政庁に次ぐ整然とした官衙である。

区画施設は一本柱を基本構造とする板塀で、規模は東西五三メートル、南北五六メートルある。柱間寸法はおおむね二・九〜三メートルである。東辺中央には棟門とみられる開口部があり、その正面には視界を塞ぐように鈎《かぎ》形の目隠し塀が設置してある。日隠し塀は北側が閉じ、南側が開口しているため、なかへ入る者は自然と南東部の広場の方へ行かざるを得ない。したがって、誘導塀の機能も併せもった塀だったことが考えられる。塀の建て替えは確認できなかったが、棟門は撤去され、開口部が広げられている。

建物配置をみてみると、主舎殿は床束柱と南廂をもつ、桁行五間、梁間二間の東西棟で、中央北寄りの位置に配置されている。身舎の建て替えはないが、南廂は抜かれている。この建物の後方に柱筋を揃え、側柱だけの同規模の東西棟建物が建つ。これらの東側には南廂をもつ変則的な南北棟が配置され、西側には三棟の南北棟が連なっている。

遺構変遷は二時期あり、Ⅰ段階、Ⅱ段階ともに基本的な建物配置に違いはないが、Ⅱ段階になって主舎殿と開口部に改修が加えられている。主舎殿の身舎は改修されずにⅡ段階も使用されているので、他の建物群もⅡ段階まで変遷したと考えられる。

その他の官衙

政庁の周辺で、建物数棟と井戸が単独で発見されている。本来的に単独で存在していたのかどうかは不明だが、少なくとも前述の官衙のように、複数の建物が接近して配置されている状況にはない。また、既述のとおり、周囲三〇メートルの空間帯には配置されていない。

まず政庁南側で発見された遺構であるが、第五七次調査では、桁行三間、梁間二間の身舎の両梁間に廂が付く二棟の建物を確認している。一棟は政庁南西隅の真南で、三〇メートル空間帯を出たすぐの位置に置かれた南北棟である。もう一棟はこの南北棟の一二メートル真南で、南道路から南西官衙へ折れる推定道路に面した東西棟である。ともに最終的に撤去されているが、その時期が同時だったとすれば、規模・構造が同じであるので、性格も同じだった可能性は高い。

次に政庁西側で発見された遺構をみてみると、三〇㍍空間帯を外れてすぐの西道路（外郭西門から政庁西門を結ぶ城内道路）に面した北側に桁行六間、梁間三間（？）の南北棟が配置される。徳丹城跡では、桁行を六間取りする場合、梁間は三間であることが多く、大形建物に多い。

建物の南側の井戸は素掘り状態であったが、曲物の残欠が出土していることから、井戸枠や井筒が撤去された可能性が高い。他には、花崗岩の割り石や木槌が出土している。

国道四号を挟んだ向かい側にも、井戸や南北棟建物が配置されている。

ところで、政庁西側の国道四号筋は、南西官衙の西建物群を含め、すべて南北棟が配置されている（図36・58）。これは、国道筋がちょうど低位段丘から後背湿地へかかる肩の部分に当たっているため、湿地との境界の地形に沿って意図的に南北棟を配置したのではないかと推察される。第六五次調査で判明した湿地環境下の工房施設群を、これら連なる南北棟で遮蔽する目的だった可能性も推察される。

また、この国道四号筋の地域では、これまで徳丹城期の井戸が三口、近世一口、近代三口が集中的に発見されていることから、北西～南東方向へと地下水脈の通り道となっているようだ。

（五）その他の発見遺構

城内道路・番小屋

城内道路は、南道路、東道路、西道路を部分的に確認している。

南道路は、第二〇次調査によると、政庁南門から東側溝だけが確認されている。中軸から反転すれば幅員九㍍の道路が復元される。この道路に面した政庁南門の南東側に番小屋が建っている。桁

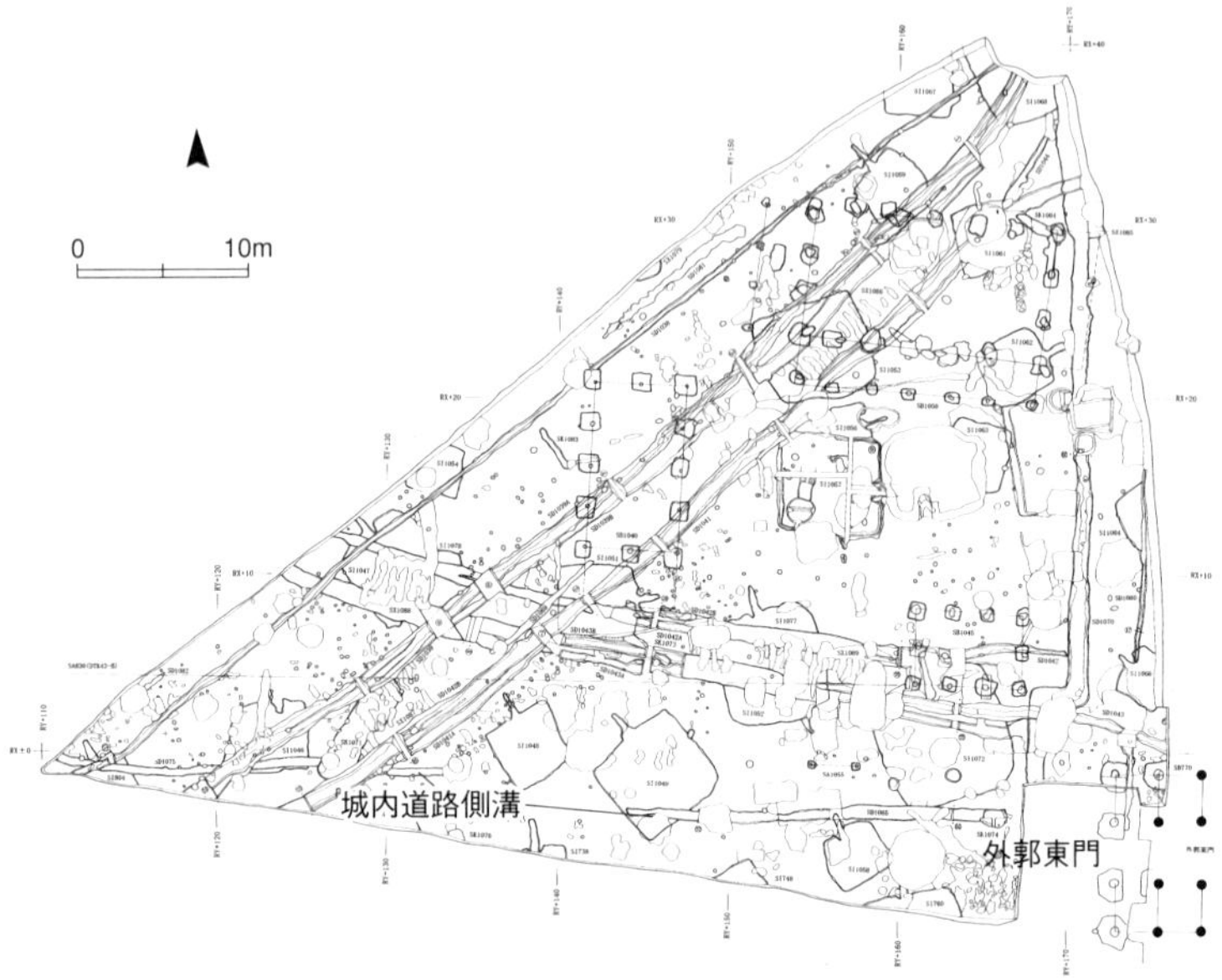

図57　外郭東門地区遺構全体図（第54次）

行三間、梁間二間の南北棟であるが、建て替えは報告されていない。

東道路としては、第五四次調査で、中間で一〇《メートル》ほど途切れる北側溝が確認された。幅員は中軸から反転すると、切れる前は三・六《メートル》、切れた後は九《メートル》ある。この道路に面し、東門の番小屋が建つ。桁行三間（二一尺）、梁間二間（一四尺）の東西棟である。ある時期撤去され、再建されてはいない（図57）。

西道路の遺構としては、第三四次調査では北側溝だけが確認されたが、第六三次、第六四次調査では南側溝も確認された。幅員は六《メートル》である。起点は西門正面の内溝からである。この道路に面し、西門の番小屋が建つ。桁行三間（二〇尺）、梁間二間（一四尺）の東西棟で、ある時期撤去され、再建されていない（図58）。

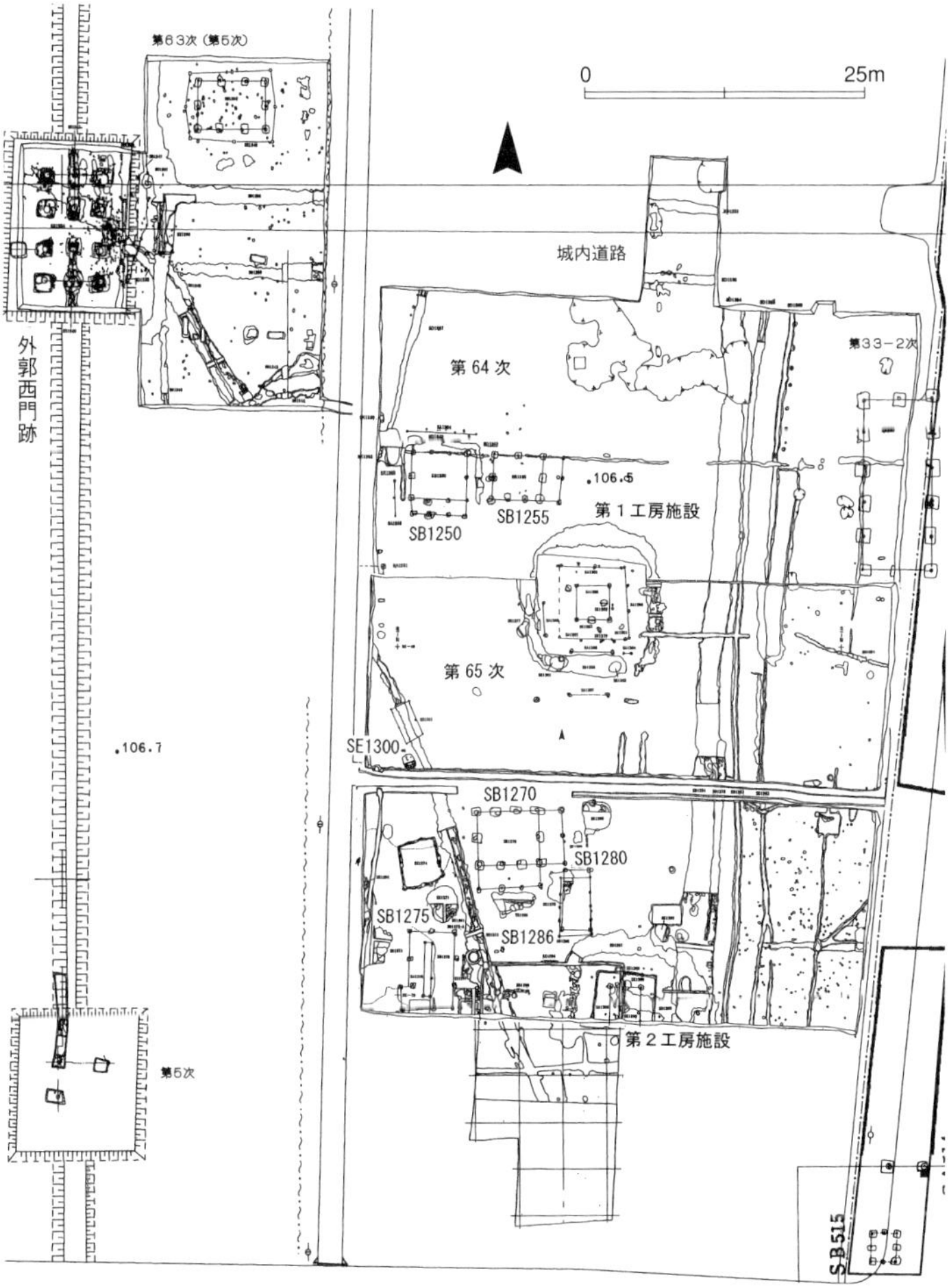

図58　外郭西門地区遺構全体図（第63～65次）

工房施設群

第六五次調査では、それまで遺構は希薄とされてきた国道四号西側の湿地環境下から、周溝に囲まれた工房施設や建物群が数棟発見された。さらに工房施設群が共同利用したとみられる井戸も発見され、なかから水桶に転用された「木製冑」が出土した。

工房を抱えた竪穴住居跡は、遺跡の東側地区で造営段階のものが確認されていたが、周溝をともなうタイプの工房施設は初めての発見であった。しかも、湿地環境下が工房域として利用されていたことが明らかになってきたことは新たな展開といえる。

その周溝をともなう工房施設について詳述すると、二二メートルの距離を隔て、北側に第一工房施設、南側に第二工房施設が確認された。ともに周溝に囲まれ、内側には四本の支柱をもつ板壁の建物である。建物内部には焼土が詰まった土坑が複数あり、まったく同じ要素をもつ施設である。異なる点は、第一工房施設が掘立柱構造の壁であるのに対し、第二工房施設は布掘りに矢板を差し込んだ縦板壁である点である。内部の土坑も、第一工房施設では小土坑が不規則であるのに対し、第二工房施設では大きく深い二つの土坑が床の中央に整然と並んでいた。これらの土坑内の焼土や周溝に廃棄された焼土の分析を行ったが、工房の種類まては特定できなかった。ただし、第二工房施設の周溝外で、漆が付着した土師器坏が出土していることから、漆工房であった可能性は否定できない。漆を乾燥させる際は、適度の湿気が必要といわれ、この湿地環境が漆工房に適していた可能性は高い。

さらに第一工房施設の北西に隣接して二棟、第二工房施設の北西に隣接して三棟の掘立柱建物群が確認されている。これらはそれぞれの工房施設

図59　第１工房の建物跡

図60　井戸跡冑出土状況（SE1300）

に付属する建物群で、作業小屋ではないかとみている。

第一工房施設に付属する二棟は、ともに柱が細く貧相な建物ではあるが、作業空間状の廂をもっている。また、南辺を除く周囲に逆L字形の排水溝をめぐらしている。北辺の中央は通路状に開口し、溝の北側には目隠し状の簡易な塀が置かれている。西道路を意識した配置ではあるが、西道路に背を向けている。溝の東辺には焼土とともに七輪状の厚手の土器片が廃棄されていたが、志波城跡出土の精錬炉にも似る。また、溝の西辺を壊して掘り込まれている土坑から、「厨□」と記された墨書土器と笛状の木製品が出土している。

一方、第二工房施設に付属する三棟では、廂が付く北建物が中心建物と考えられる。この建物は、他のどの建物よりも柱が太く、掘方も大き

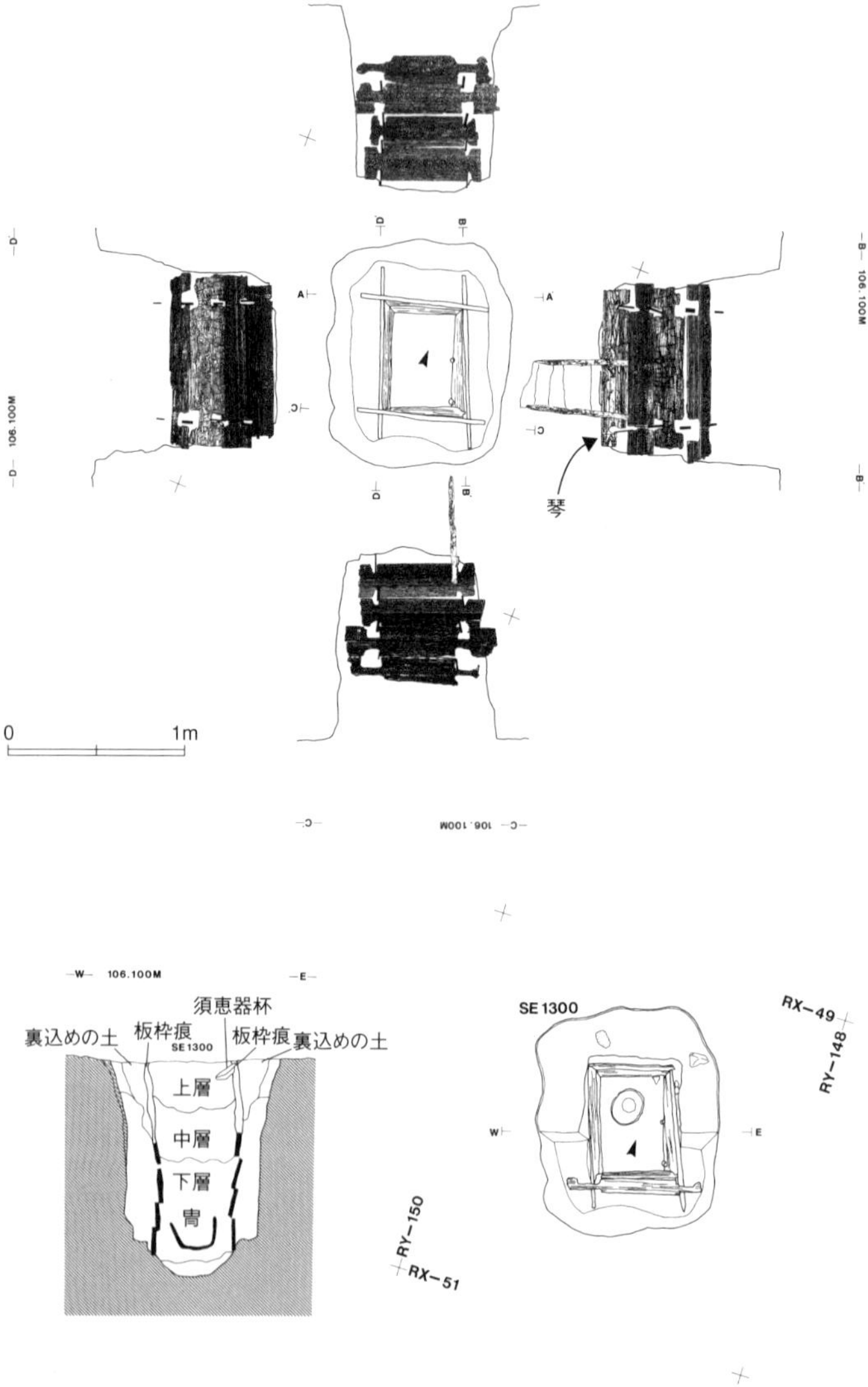

図61　井戸跡実測図（SE1300、第65次）

い。したがって、第　工房施設の二棟よりは古手の建物だろう。南西建物は特異な建物である。大棟の真下に幅六〇《センチ》、長さ四・六《メートル》の棚（？）の施設をもっている。杜の抜き穴からは牛の右上顎第二臼歯が出土した。特徴から日本在来牛に近似し、年齢五～六歳、体高一一五《センチ》程度という鑑定が出ている。

第一工房施設群と第二工房施設群は、基本的には同時存在であるが、成立段階では第二工房施設群が先行するとみられる。

さて、第一工房施設群と第二工房施設群の空間から、東西軸一《メートル》、南北軸一・二《メートル》の小判形を呈する小さな井戸が出土している。深さは一・二《メートル》だったが、枠板を蒸篭組する井戸だった。枠板は各面に四枚ずつ計一六枚が残っており、スギ、クリ、モミの樹種が使用されていた。東面最下段の一枚は、板の両縁に沿って等間隔に木釘が打ち付けてあり、なんらかの転用材とはみていたが、分析では「琴」の天板であることがわかった。樹種はモミであった。

また、底に近い位置から刳物の水桶が出土し、これを取り上げ洗浄している最中に「木製胄」であることがわかった。樹種はトチノキであった。

井戸の構築は、裏込め土から出土した須恵器坏の小片から九世紀代である。自然堆積で完全に埋没したのは、最上層出土の須恵器坏の年代観から九世紀第3四半期頃である。

竪穴住居跡

南西官衙の区画内で一軒確認されているが、やや方位を違える関係から、廃絶段階に近い時期の竪穴住居とみられる。ほかには発見されていない。

城外の様子

外郭東門跡の東側に、一万九〇〇〇平方《メートル》もの広い平地がある。近年、この地区の発掘調査が進められており、城外

▲城外館畑遺跡98-２次調査区全景

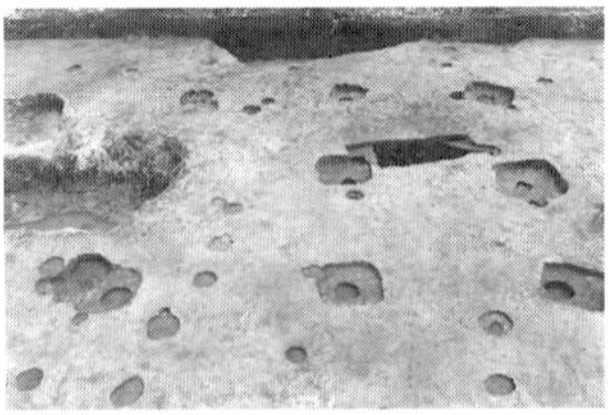

▲倉庫跡

▲同上

図62　城外道路側溝と倉庫建物（城外館畑遺跡）

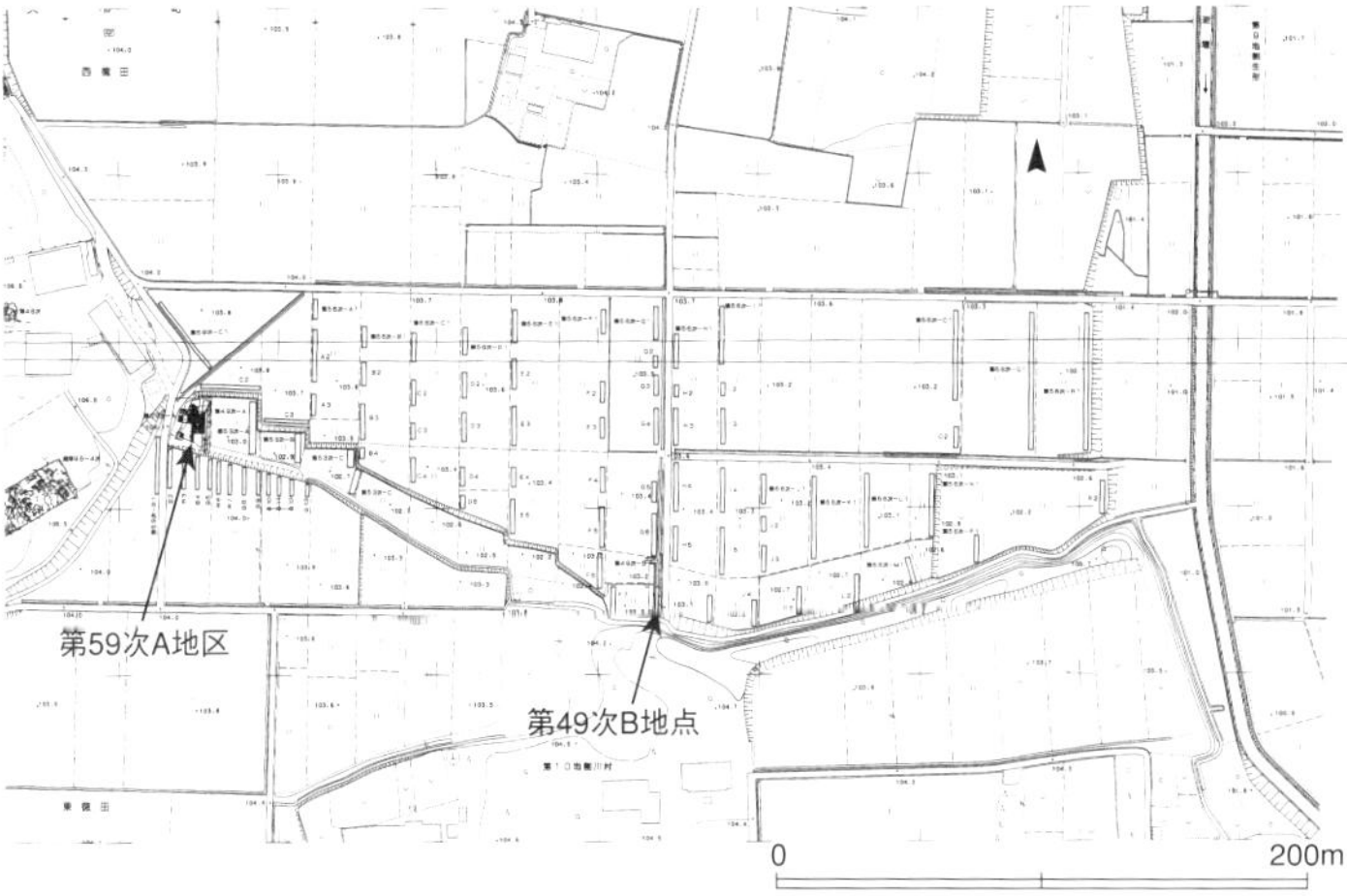

図63　運河地区トレンチ配置図

道路や倉庫建物などが確認され、徳丹城の前後期を含めた実態がよくわかってきている（図62）。

城外道路の遺構としては、外郭東門跡の土橋の位置から東へ延びる北側溝だけを確認している。北側溝は東へ行くほど北へ反れて走り、真東にある段丘先端部をめざしていない。段丘先端から北へ四〇メートルほどの地点に到着している。現地にはこの到着点から段丘を斜めに降る傾斜の緩い坂があるが、運河からのスロープの名残とも推察される地形である。

この城外道路に面した形で、二間×二間総柱の倉庫が建っている。道路北側溝との距離が九メートルで、その間に徳丹城期の遺構がないことから、この距離が道路幅員だと考えられる。現在、この一棟だけの発見である。

なお、竪穴住居も発見されているが、数は少なく、一軒のみの調査にとどまっている。

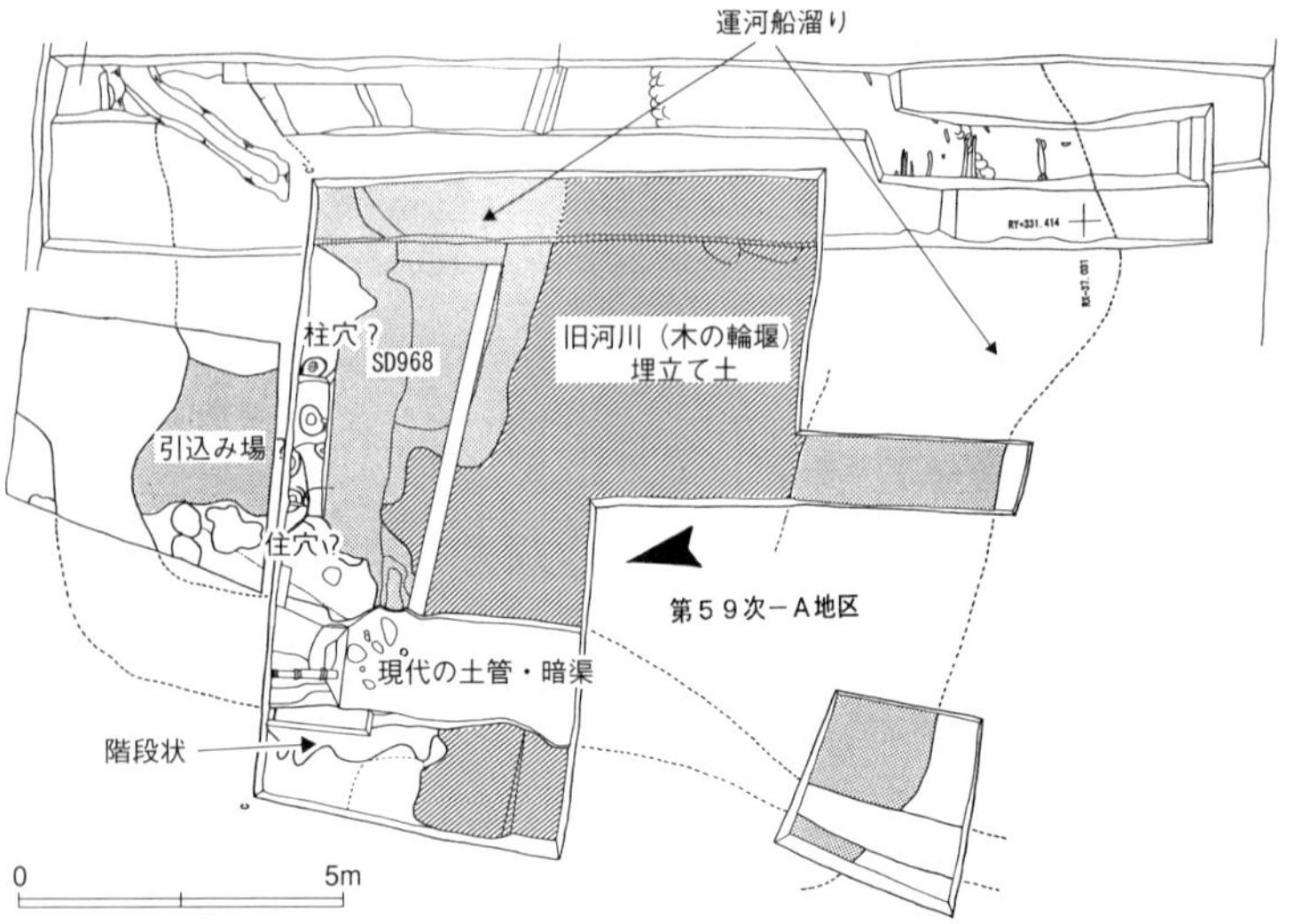

図64　運河船溜まり遺構平面図

運河

三角形に突出する低位段丘の先端に大きなクリの木が生えている。「運河はあそこです」と説明する際、実に都合のよいランドマークである。この巨木の直下から、北上川の旧流路（逆堰）までの約四〇〇メートルの空間に「運河」は開鑿される。現在、運河跡の真上には近世の「木の輪堰」が重なり、さらに戦後の耕地整理による土地の改変も受けて、原姿をとどめてはいないものの、古代運河を髣髴とさせるすばらしい景観は残している。早急な追加指定がのぞまれるところである。

運河の構成は、水路、船溜まり、桟橋状の杭と浅瀬、階段状の施設がある。

水路の長さは段丘直下から逆堰まで約四〇〇メートルとみている。この中間地点で行った第四九次B地点の調査によると、幅は三メートルと推定され、深さは四〇センチ前後であった。他の四点では木の輪堰の開

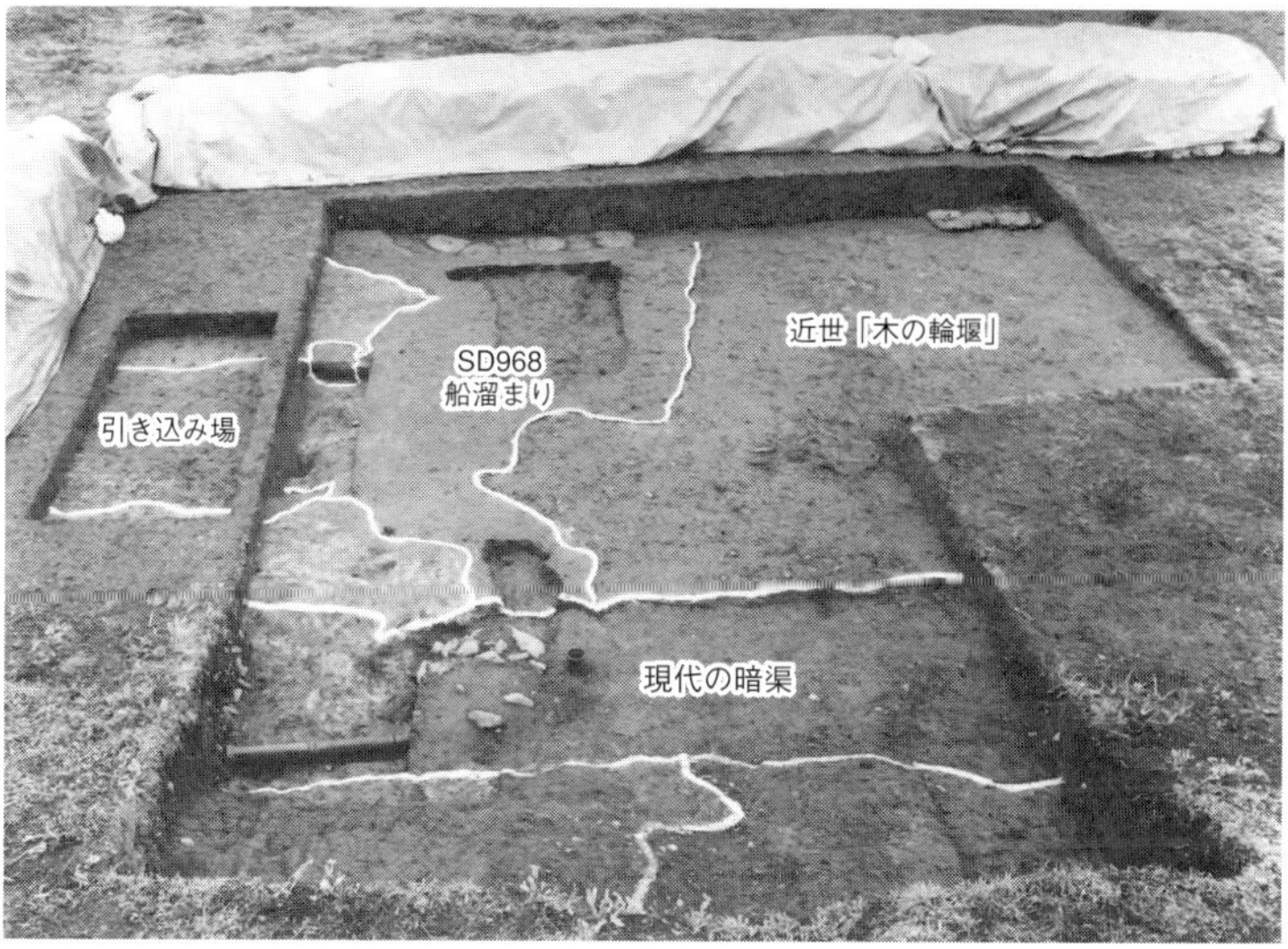

▲西から

▲東上空から（写真下方より運河が延びていた）

図65　運河船溜まり調査状況（第59次A地区）

盤が深く入っていたため確認できなかった。

便宜的に船溜まりと呼ぶ遺構は、段丘直下の突きあたりに、胃袋状に広く膨らんでおり、南北幅は一二メートルほどある。深さも一メートル強と深くなる。地盤は、白色土と黒色土の互層からなるサンドイッチ状の地盤で、運河はこれを掘り込んでいる。堆積土は水成堆積の状況を示しているが、土壌分析の結果では、流水性種、止水性種、陸生種に分類される異なる生態性の珪藻化石が検出された。これはさまざまな環境変化をくり返しながら埋没していったことを物語っている。堆積層のなかには、数枚の火山灰層が含まれている。火山灰は上層から下層まで十和田ａ（西暦九一五年）を主体に入り込むが、最上層にかぎって白頭山（西暦九二三～九二四年）起源のものが入り込んでいる。このことから白頭山降下以前には完全に埋没していたようだが、掘削された年代は出土した須恵器坏片から徳丹城期と推察される。

また胃袋状の膨らみの北岸に、長さ約四メートル、幅二メートル、深さ三〇センチの引き込み状の浅瀬があり、浅瀬に沿った西岸には桟橋状の柱痕跡が確認された。

さらに船溜まりからクリの木に向かって、真正面の斜面を切土した階段状の施設が確認されている。

（六）花粉分析からみた植物環境

花粉分析は、木槌が出土した政庁西側の井戸跡（第三四次）、運河船溜まり（第四九次）、木製冑が出土した後背湿地の井戸跡（第六五次）などで行っている。

政庁西地区の植物環境　木本花粉の検出されたものとしては、モミ属・マツ属・スギ属・クルミ属・クマシデ属―アサダ

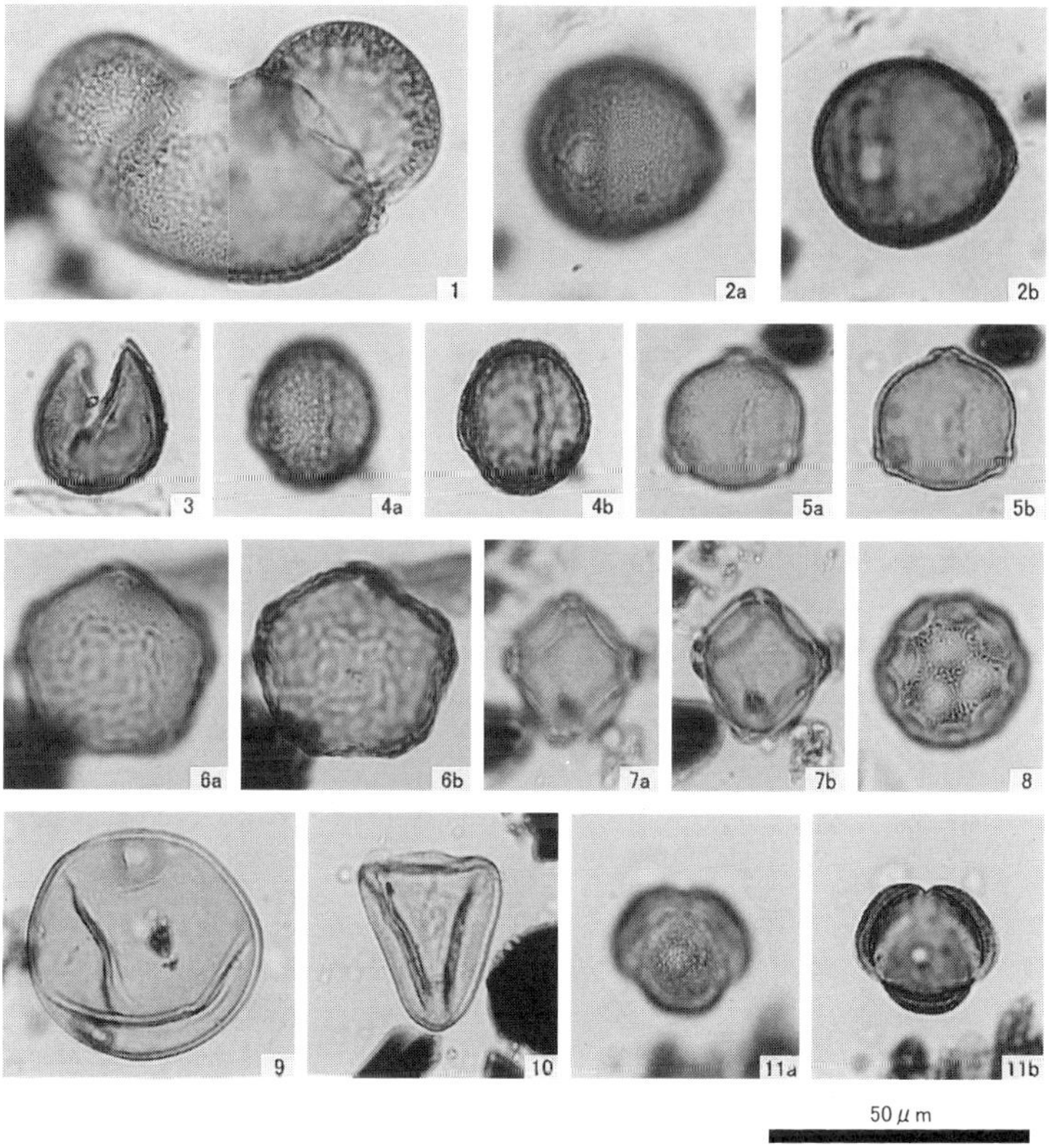

1．マツ属(SE1300井戸内;中層)
2．ブナ属(SE1300井戸内;中層)
3．スギ属(SE1300井戸内;中層)
4．コナラ属コナラ亜属(SE1300井戸内;中層)
5．クマシデ属－アサダ属(SE1300井戸内;中層)
6．ニレ属－ケヤキ属(SE1300井戸内;中層)
7．ハンノキ属(SE1300井戸内;中層)
8．サジオモダカ属(SE1300井戸内;中層)
9．イネ科(SE1300井戸内;中層)
10．カヤツリグサ科(SE1300井戸内;中層)
11．ヨモギ属(SE1300井戸内;中層)

図66　検出花粉顕微鏡写真

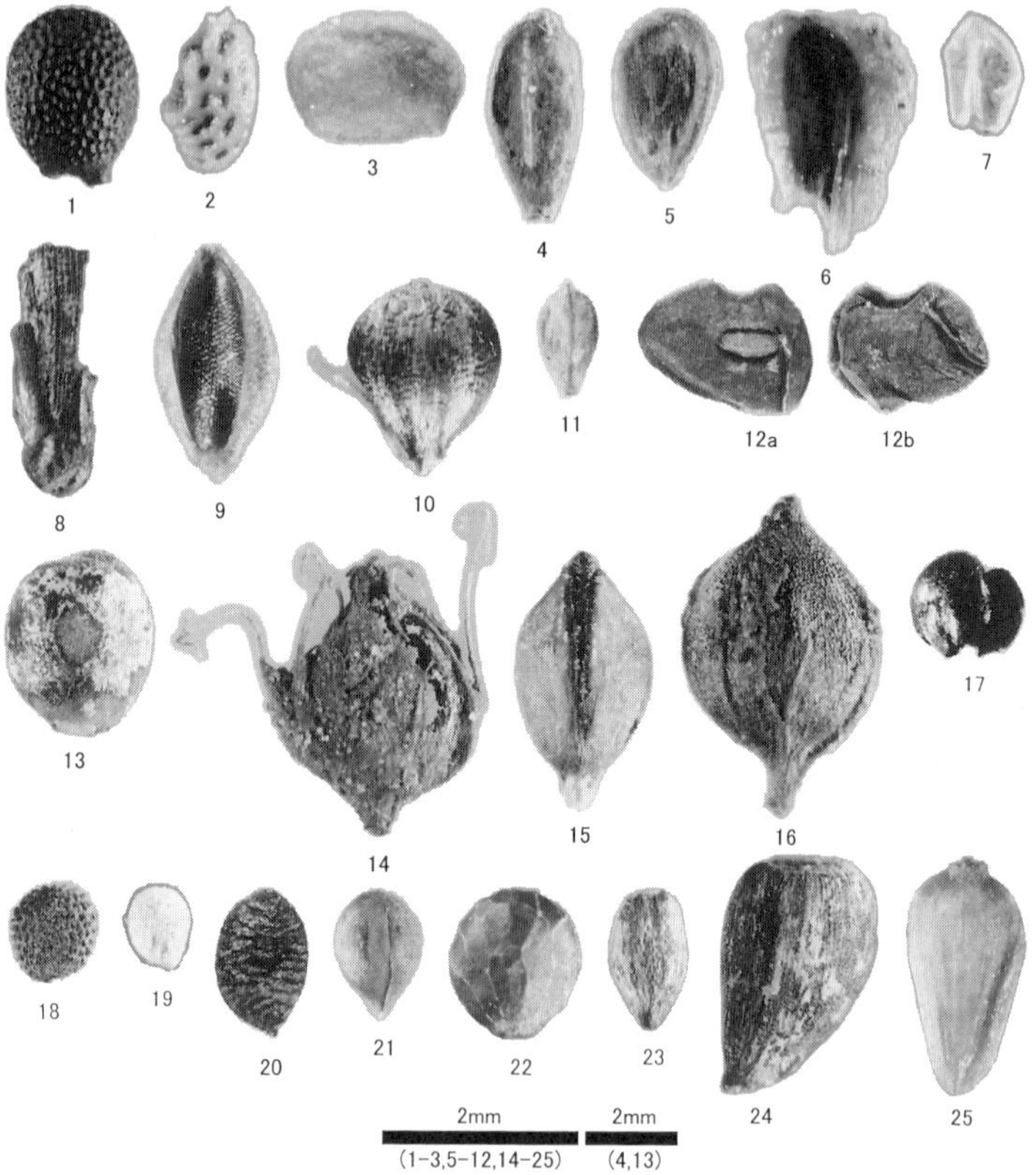

1．マタタビ属 種子(SE1300井戸内;下層)
2．キイチゴ属 核(SE1300井戸内;下層)
3．タラノキ 核(SE1300井戸内;下層)
4．ミクリ属 果実(SE1300井戸内;下層)
5．ヘラオモダカ 果実(SE1300井戸内;下層)
6．オモダカ属 果実(SE1300井戸内;下層)
7．オモダカ科 種子(SE1300井戸内 上層)
8．イネ 穎(SE1300井戸内;下層)
9．エノコログサ属 果実(SE1300井戸内;下層)
10．ホタルイ属 果実(SE1300井戸内;下層)
11．カヤツリグサ科 果実(SE1300井戸内;下層)
12．イボクサ 種子(SE1300井戸内;下層)
13．アサ 種子(SE1300井戸内;下層)
14．サナエタデ近似種 果実(SE1300井戸内;下層)
15．タデ属 果実(SE1300井戸内;下層)
16．タデ属 果実(SE1300井戸内;下層)
17．アカザ科 種子(SE1300井戸内 中層)
18．ナデシコ科 種子(SE1300井戸内;下層)
19．キジムシロ属－ヘビイチゴ属－オランダイチゴ属 核(SE1300井戸内;下層)
20．カタバミ属 種子(SE1300井戸内;下層)
21．スミレ属 種子(SE1300井戸内;下層)
22．イヌコウジュ属 果実(SE1300井戸内;下層)
23．ナギナタコウジュ属近似種 果実(SE1300井戸内;下層)
24．メナモミ属 果実(SE1300井戸内;下層)
25．キク科 果実(SE1300井戸内;下層)

図67　検出種子顕微鏡写真

属・カバノキ属・ハンノキ属・ブナ属・コナラ属コナラ亜属・クリ属・ニレ属–ケヤキ属・エノキ属–ムクノキ属・ウルシ属のほか、ツル性植物のブドウ属・ノブドウ属を含む一五分類群がある。

草本花粉では、イネ科・カヤツリグサ科・カナエタデ節–ウナギツカミ節・ソバ属・アカザ科・ナデシコ科・カラマツソウ属・キンポウゲ科・アブラナ科・ミソハギ属・アリノトウグサ属・セリ科・シソ科・オオバコ属・オミナエシ属・ヨモギ属・他のキク亜科・タンポポ亜科の一八分類群となっている。

なお、木本・草本の識別が困難なものとして、クワ科・バラ科・マメ科の三分類群が検出されている。

傾向としては、木本花粉が少なく草本花粉が多い。なかでもヨモギ属・イネ科が多いことから、井戸の周辺が森林に覆われたような場所ではなく、草本が生育する開けた場所であったことがわかる。このことは人里植物のオオバコ属や栽培植物のソバ属の検出からもいえ、井戸周辺の植生が多少は人の影響を受けた環境であったようだ。

運河地区の植物環境

木本花粉ではブナ属やコナラ属が多く検出されている。これらは冷温帯落葉広葉樹林を構成する主要な種類の樹木であり、おそらく周辺の山地に落葉樹林が存在していたのであろう。また、サワグルミ属・クルミ属・クマシデ属–アサダ属・ハンノキ属・コナラ亜属・クリ属・ニレ属–ケヤキ属・カエデ属・トチノキ属なども検出されている。これらは沢沿いや河畔などに多く自生する樹木である。さらにマツ属も検出されている。マツ属は自然植生が人為的に破壊された後、二次林として生えてくる樹木であることから、周辺地域で森林の伐採が行われていたことを示唆している。

一方、草本花粉ではイネ科・カヤツリクサ科・ヨモギ属が多い。これは、この運河地区も人為的に切り開かれたために、草地が形成されていたと考えられる。また、湿地に生育する水生植物としてはガマ属・ミクリ属・サジオモダカ属・オモダカ属・イボクサ属・ミズアオイ属などが検出されている。前述の珪藻類では、流水性種、止水性種、陸生種に分類される異なる生態性の珪藻化石が検出されている。これは広範囲の集水域から珪藻化石が集積していることを示すもので、特定の珪藻が生育する環境ではなかった。つまり、氾濫などの影響を受け、運河の埋積速度はかなり早かったことを示すあり方である。

後背湿地の植物環境

井戸は九世紀第3四半期頃完没していることから、木製冑をパックした下層土壌が、徳丹城期の古植生を反映していることは確実である。

分析結果としては、木本花粉に比較して草本花粉の割合が高く、種実遺体でも草本類がほとんどを占めていた。徳丹城周辺が開けた草地であったことが、この井戸跡の分析からも実証されたといえる。

草本花粉では、イネ科・カヤツリグサ科がとくに多く、ガマ属・サジオモダカ属・オモダカ属・スブタ属・イボクサ属・ミズアオイ属・クワ属・サナエタデ節―ウナギツカミ節・アカザ科―ヒユ科・ナデシコ科・バラ科・マメ科・セリ科・オオバコ科属・ヨモギ属・ナオモミ属・キク亜科・タンポポ亜科がともなう。

種実もこれらと重複するものが検出されているが、それ以外にもマタタビ属種子・キイチゴ属核・タラノキ核・ミクリ属果実・ヘラオモダカ果実・オモダカ属果実・オモダカ科種子・イネ頴・エノコログサ属果実・ホタルイ属果実・カヤツリグサ科果実・イボクサ種子・アサ種子・サナエタデ近似種果実・タデ属果実・アカザ科種子・ナデシコ科種子・キジムシロ属―ヘビイチゴ属―オランダイチゴ属核・カタバミ属種子・スミレ属種子・イヌコウジュ属果実・ナギナタコウジュ属近似種果実・メナモミ属果実・キク科果実がある。

とくに、キジムシロ類・カタバミ属・スミレ属・イヌコウジュ属・ナギナタコウジュ属などは、開けた明るい場所を好むいわゆる「人里植物」であり、サジオモダカ属・ガマ属・ミクリ属・ヘラオモダカ・オモダカ属・スブタ属・ホタルイ属・イボクサ・ミズアオイ属などは、水湿地生植物に由来することから、明らかに湿地環境だったことを物語っている。

また、種実遺体のうちイネ・アサは、古く栽培のため渡来した植物である。用途として、イネは食用、アサは種子が食用や油料で、繊維は衣服や縄などが考えられることから、徳丹城周辺での栽培等が推測される。

一方、木本花粉では、スギ属・ブナ属が多く、ツガ属・トウヒ属・マツ属・イチイ科―イヌガヤ科―ヒノキ科・ヤナギ属・ヤマモモ属・サワグルミ属・クルミ属・クマシデ属―アサダ属・ハシバミ属・カバノキ属・ハンノキ属・コナラ属コナラ亜属・コナラ属アカガシ亜属・クリ属・ニレ属―ケヤキ属・エノキ属―ムクノキ属・キハダ属・カエデ属・ノブドウ属・シナノキ属・イボタノキ属・トネリコ属・ツクバネウツギ属などをともなっている。

これらの結果は、上記二地点での分析結果同様、徳丹城周辺にブナ属を主体とする落葉広葉樹林があり、スギ属の針葉樹も育成していたことを物語る。また、ニレ属―ケヤキ属・ハンノキ属・サワグルミ属・クマシデ属―アサダ属などは、おもに北上川沿いの低湿地などに生育していた樹木花粉の飛散とみられる。

（七）出土遺物

徳丹城跡にともなう遺物としては、土器（土師器・須恵器）、灰釉陶器、木製品、土製品、石製品、鉄製品などが出土しているが、その量は多くない。

文字資料には土器と柱脚への墨書と刻字がある。また、一号漆紙文書があるが、「先行官衙」にともなう竪穴住居跡からの出土である関係上、ここでは扱わない。

出土傾向　おもに外郭外溝跡、同内溝跡、城内道路側溝、土坑跡、井戸跡、竪穴住居跡、建物跡掘方などから出土するが、徳丹城期の竪穴住居跡自体が城内外で皆無に等しい状況であるため、ほとんどは溝跡や土坑跡からの出土である。

土器には土師器、須恵器があり、須恵器：橙色須恵器：土師器の出土比率は、七一：一四：一五である。土師器では、坏・埦・蓋・双耳坏・コップ形土器・鉢・甕・七輪状の土器があり、須恵器では、坏・稜埦・高台坏・蓋・双耳坏・鉢・甕・壺・長頸瓶・短頸壺・円面硯・風字硯・転用硯がある。

灰釉陶器は長頸瓶が二点出土している。後述の黒笹一四号窯式のほかに、井ヶ谷七八号窯式の原始灰釉が一点出土している。

木製品は札状・組木状・槌・曲物蓋・桶底板・槍状・弓状・分銅状・自在鈎状、樺紐・梯子状・円板状・笛状・冑・琴・井戸枠板・鏃の様・建物部材・柱脚がある。

土製品は鈴・鞴羽口、石製品は砥石・碁石、鉄製品は釘隠し（？）、その他としては漆付着の土器・鉄滓・石灰岩（？）塊がある。

なお、徳丹城跡では志波城跡で出土している「北陸型甕」や「出羽型甕」など日本海側との関係を示す遺物は、今のところ出土していない。

土器・灰釉陶器

後述する徳丹城跡の遺構変遷（先行官衙段階→徳丹城機能段階→廃絶段階→廃絶以降）にもとづき、遺構の底面出土の一括土器群について、組成・特徴等を整理してみたい。なお、先行官衙区画溝の最終段階を示す最上層出土の一括土器群についての概要は、92ページⅡ段階の一小期で記述しているが、次段階との比較上挿図は図68に掲載した。以下、その次段階からのものを記述する。

まず機能段階である。本段階の出土土器は、溝跡底面からのものと、土坑底面等からのものに分けて説明する（図69参照）。

溝跡底面からの出土土器としては、第一二次外郭外溝跡の須恵器稜埦1（以下、土器の番号は図69に対応）、第四〇次外郭外溝跡の土師器坏2・須恵器坏3・4、第六三次城内西道路側溝の須恵

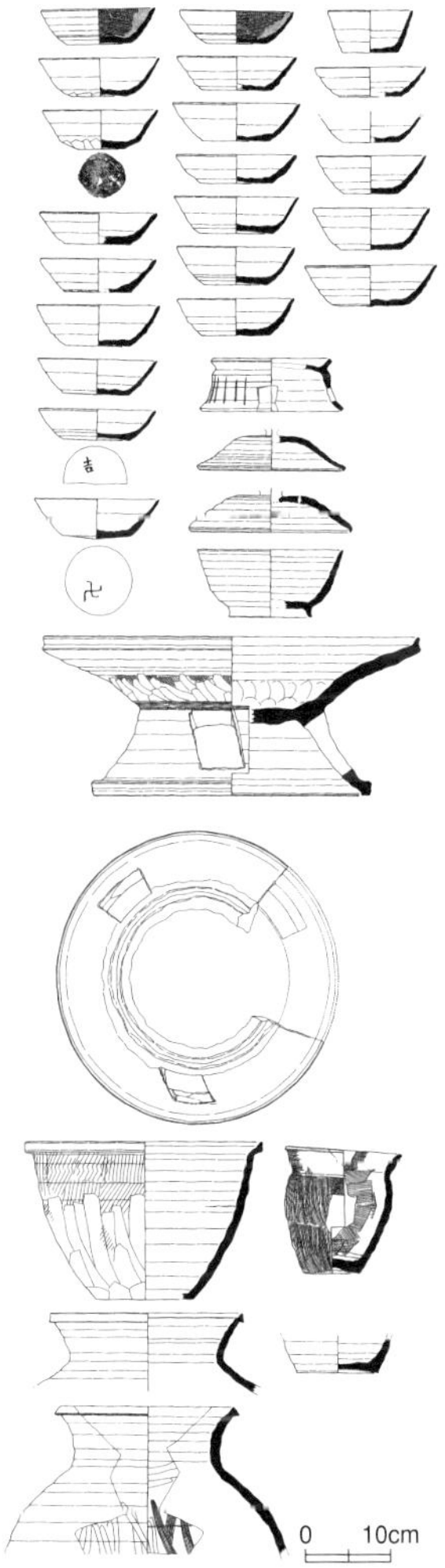

図68　先行官衙区画溝の埋め戻し土中から出土した一括土器群実測図

器蓋5があるだけで、極端に少ない。

1の須恵器稜埦は、底部切り離し技法は観察されないが、全面に回転ヘラ削りを施す器体である。平坦で大きな底部が特徴的であり古手の器体であるが、硯に転用されて稜のあたりからきれいに打ち欠かれているため、稜の鋭さなどは観察できない。

2の土師器坏は、底部ヘラ切りで底部が大きい。また3・4の須恵器坏はともに糸切りで、底部周縁等を回転ヘラ削りする。とくに4は底径が

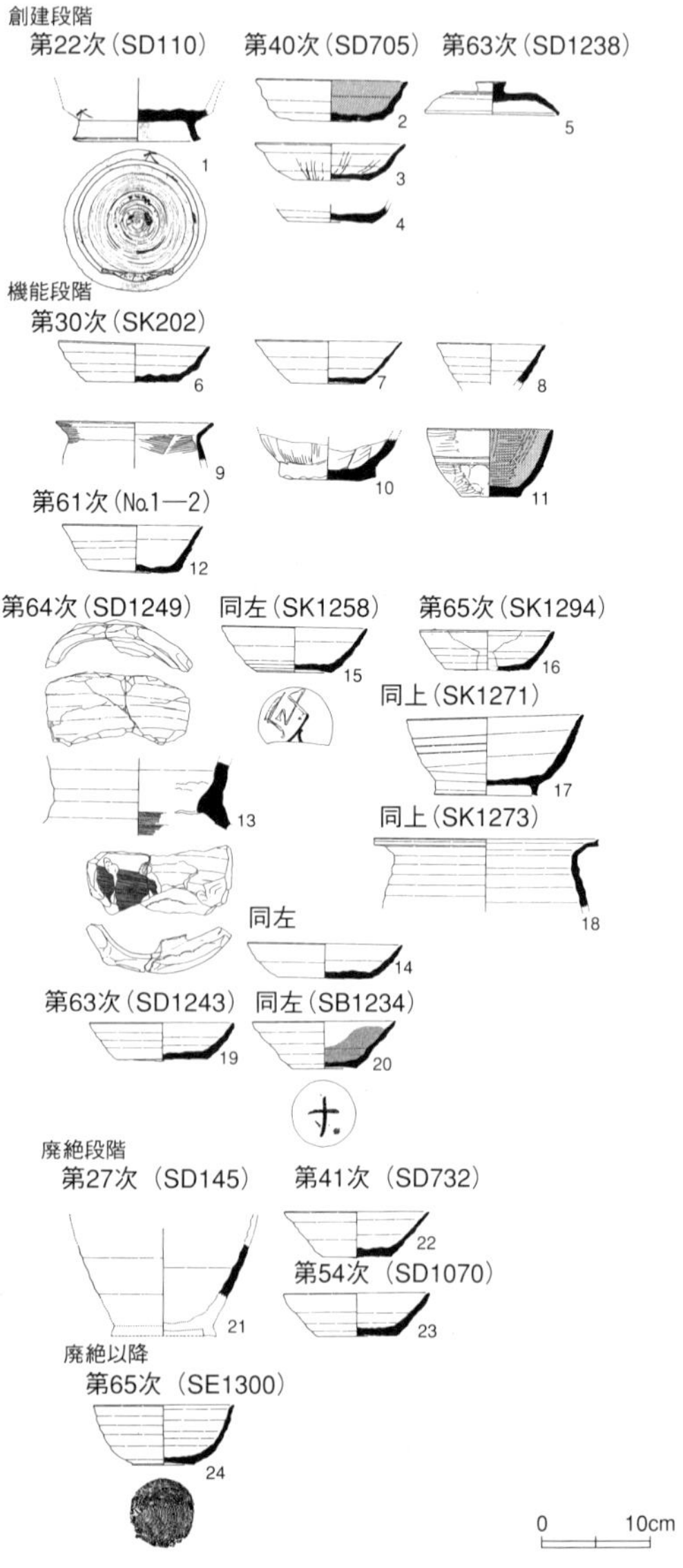

図69　徳丹城跡出土時期別土器群実測図

八《セン》《チ》と大きく、古手の要素をもつ。

5の須恵器蓋は小形の蓋である。摘みの形態は異なるが志波城跡でも出土している。

土坑底面その他からの出土土器としては、第三〇次土坑跡の一括土器6～11、第六一次石敷き遺構の須恵器坏12、第六三次外郭西門跡掘方の須恵器坏20と第六三次溝状土坑跡の須恵器坏19、第六四次土坑跡の須恵器坏15と建物跡排水溝の須恵器坏14・七輪状の土器13、第六五次土坑跡の須恵器坏16・稜埦17・甕18がある。

6～11は、伊治城型組成とよばれる一群である。6・7の須恵器坏はヘラ切りである。8の須恵器コップ形土器は、志波城跡の資料にくらべれば体部が外に開いている。9～11は在地型の土師器で、9・10は甕、11は有段平底の坏である。

12の須恵器坏は、ヘラ切りで底径が大きく古手の器体である。

13は類例が乏しいが、七輪状（？）の器形とみられる。共伴する須恵器坏14は底径が大きく古手である。

15の須恵器坏は、糸切りで底部周縁等を回転ヘラ削りし、底径は小さめである。

16の須恵器坏はヘラ切りで、底径はやや大きい。17の須恵器稜埦は、稜が退化的で、新しい要素をもつ。先行官衙出土の資料（図68）とほぼ同形を示す。18の須恵器甕は土師器様の器形であるが、器面全面が暗灰色に還元している。

外郭西門跡掘方出土の20の須恵器坏は糸切りで、底径は小さく新しい要素をもつ。19の須恵器坏はヘラ切りで底径は大きい。

次に廃絶段階であるが、この段階の土器としては、第四一次築地崩壊土の須恵器坏22、第五四次外郭内溝跡の須恵器坏23がある。また、第二七次外郭外溝跡最上層の灰釉陶器21が出土している。

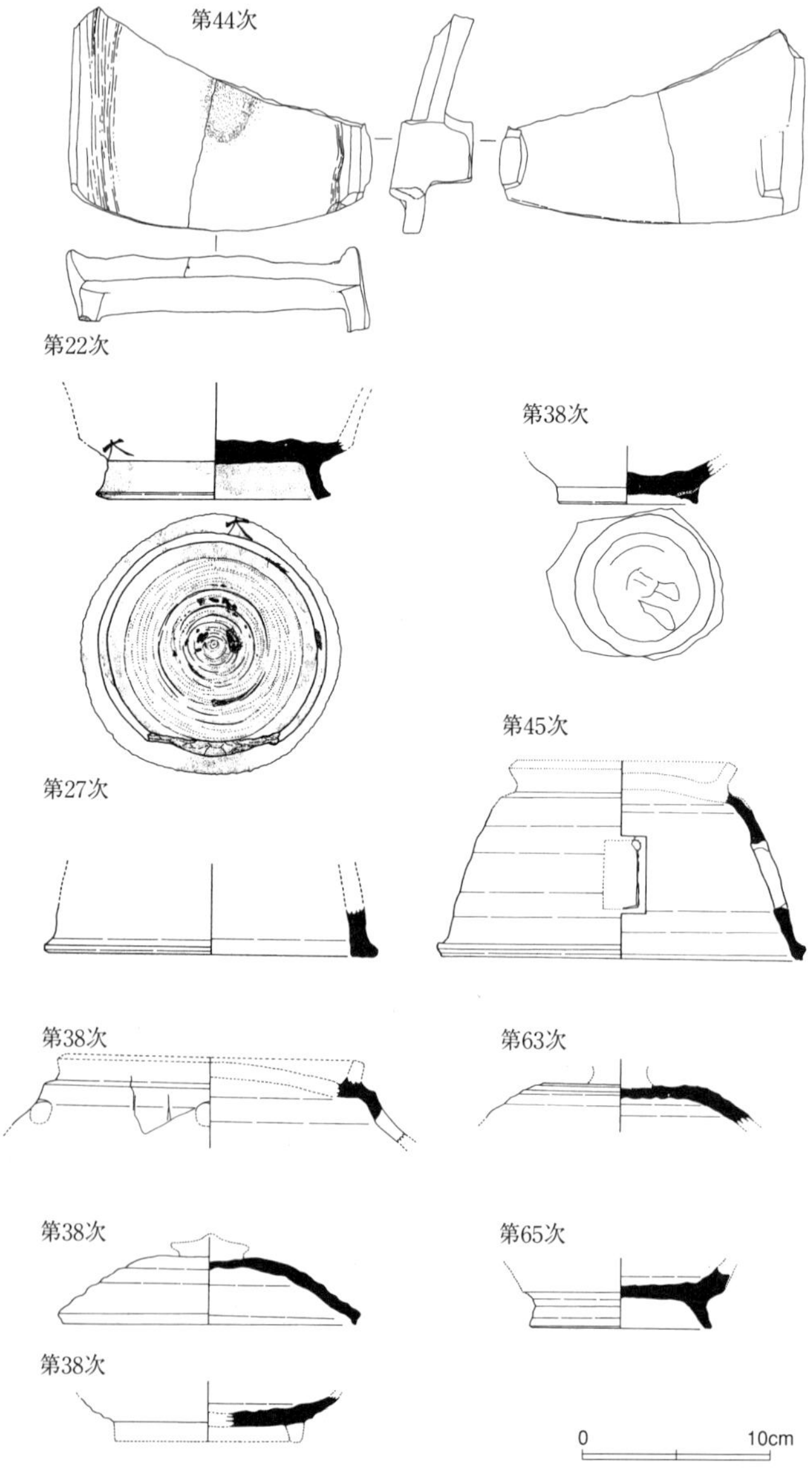

図70　徳丹城跡出土硯・転用硯集成図

22・23の須恵器坏はヘラ切りであるものの、底径は小さい。

21の灰釉陶器長頸瓶は、黒笹一四号窯式であり、九世紀第2四半期の後半を上限とする。外郭外溝の埋没年代を特定する上で参考となる遺物であろう。

最後に廃絶以降の土器についてであるが、24の須恵器坏は、木製冑が出土した第六五次井戸跡の埋没年代を決定する遺物である。底部糸切りで底径が小さいａｂｃ要素群の器体である。やや深めの埦形を呈し、体部が丸く立ち上がるこのタイプの坏は徳丹城段階にはなく、廃絶後の遺物である。

さて、次に先行官衙の最終段階から機能段階までの坏にみられる新旧要素について、総括しておきたい（表7・8参照）。

先行官衙の段階から機能段階まで、須恵器坏の形態に決定的な差異は認められないが、先行官衙の段階では①②③要素群が二四％弱だったのに対し、機能段階では八％と減少してくる。反対に、ａｂｃ要素群は先行官衙の段階では二％にも満たなかったが、機能段階では一六％強と増えてくる。ただし、主体は①②ｃ要素群で、四〇～五〇％を占めてくる。この傾向は志波城跡と同様のもので、徳丹城跡でも底の大きなヘラ切り器体が多いことがわかる。しかし、志波城跡にくらべれば③要素、とりわけ③−1要素が減り、同時にＸ要素も激減する。ただし、底が小さくなっても依然としてヘラ切りが主体を占める傾向にあり、廃絶段階の築地大垣崩壊土からはａ②ｃ要素群の器体が出土している。

なお、西門跡の掘方内出土の20などは、機能段階にはあまりみられないａｂｃ要素群の器体であり、機能段階でも新しい段階の資料といえる。こ

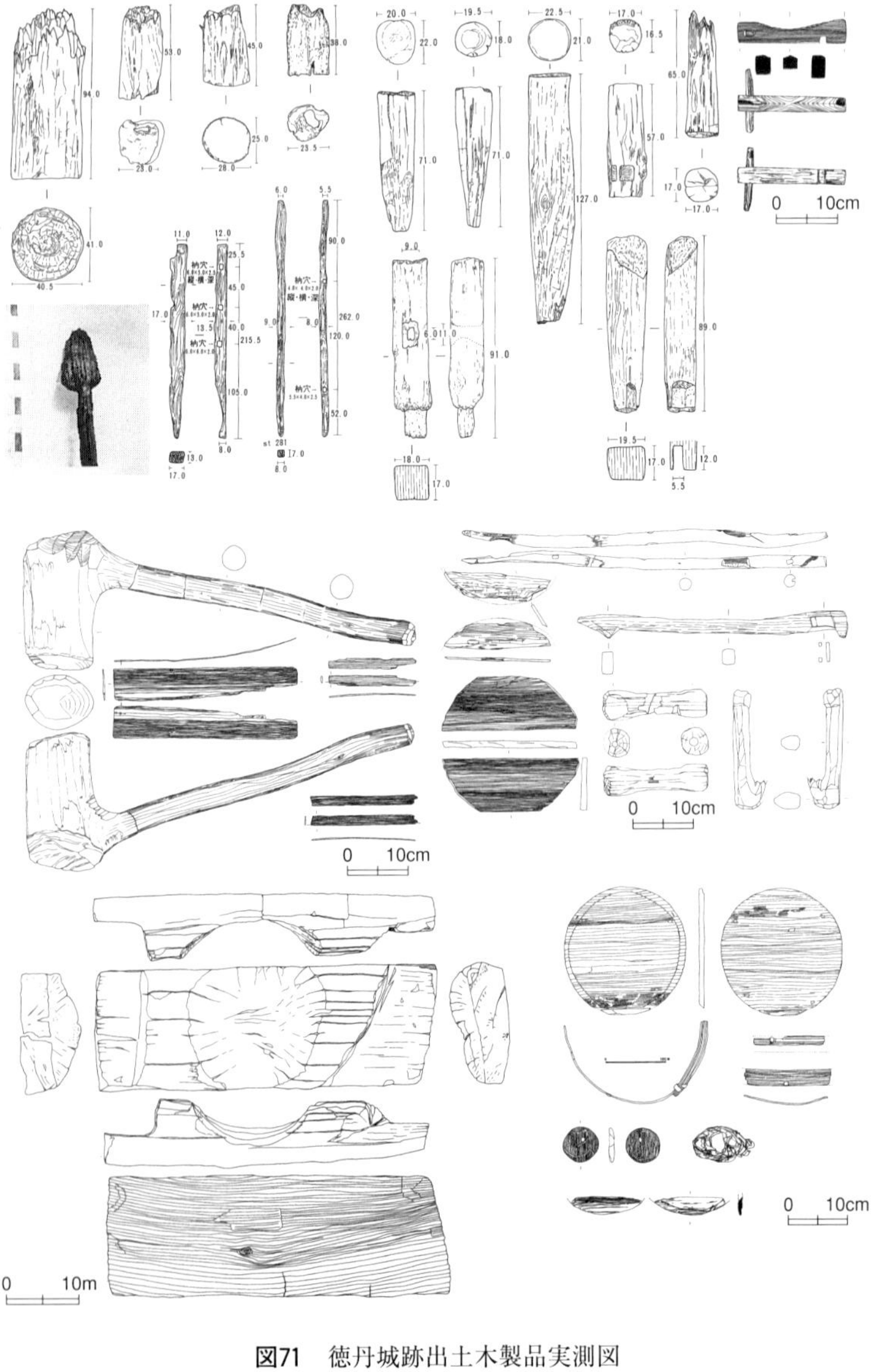

図71　徳丹城跡出土木製品実測図

れが西門の建て替えの有無の可能性を示している資料かどうかは今後の課題である。

木製品

出土遺物でもっとも種類の多いものに木製品がある。用途・名称の不明なものが多いが、組木状（第二四次）、槌（第三四次）、曲物蓋・桶底板・槍状・弓状・分銅状・自在鉤状、樺紐（第三八次）、梯子状・円板状（第三九次）、笛状（第六四次）、冑・琴・井戸枠板（第六五次）がある。また、第六六次では札状の木製品が井戸跡から出土している。かつて岩手大学の調査で出土した柱脚や建物部材、鏃の様（雛形）などもある。以下では、特記すべき遺物として、「笛状」・「琴」・「冑」・「柱脚」について詳述する。

「笛状」は第六四次調査で土坑から出土した。芯が中空になった枝を利用し、片面に抉りを入れたものである。樹種はウコギと鑑定された。長さ一四センチ。太さ二センチ強。

「琴」は、第六五次調査で出土した一六枚の井戸枠のうち、東面最下段に転用された一枚である。長さ八五・三センチ、幅一四・七センチ、厚さ一・七センチであり、樹種はモミ属である。板目を用い、表面はヤリガンナできれいに削られている。長辺に沿った両縁に等間隔で打たれた木釘は、共鳴槽を固定するためのもの。つまり板材は槽作りの琴の

図72　徳丹城跡出土木槌・曲物蓋

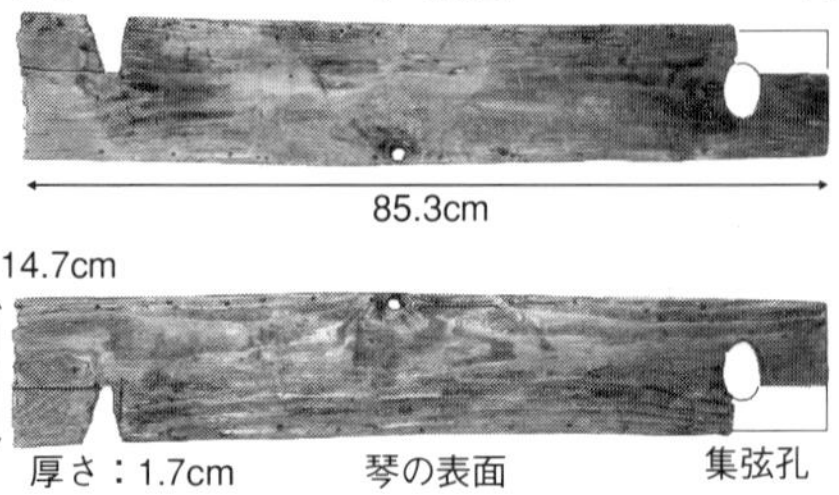

図73　井戸枠に転用されていた琴の天板

天板であった。井戸枠を組む相欠として利用された丸い穴は、集弦孔とみられることとから、琴としての遺存部は琴頭であり、琴尾は切り折られて欠失している状況である。したがって、琴の全長はわからないが、奈良県布留遺跡出土例の幅：長さ（一：八）から類推すると、一二〇センチ程度と復元される。

琴は、本来「キン」と発音し、「箏（ソウ）」と区別される。調弦のための琴柱がないのが「キン」で、琴柱が立つものを「ソウ」といっている。徳丹城跡から出土したものは「キン」であり、全国的にみても古代琴の出土例はめずらしい。とりわけ城柵での出土例はない。もともと琴は祭器であることから、徳丹城内で律令祭祀が行われていた可能性は高く、蝦夷の饗給の際に音曲が奏でられていたことも想像される。

「冑」は、井戸跡から、水桶に転用された形で出土した（第六五次）。形はヘルメットそのもので、側面からみると前が突き出した偏台形を呈している。大きさは前後径が二四・五センチ、左右径が二〇センチ、高さが一五～一七・三センチ、厚さが一・六～一・九センチある。樹種はトチノキである。内面の加工は刳物であるが、内壁が黒く炭化していることから、一度炭化させて掻き取り、それを何度かくり返している。外面は鉄冑の竪矧ぎ板を模してヤリガンナで縦に削り、その後生漆を薄く一層かけ、その上から黒色顔料を塗布している。生漆に掃墨を和して製する「墨漆」、つまり一般的な黒漆とは異なった技法を用いている。簡易な技法であることから、大量生産が可能だったのかもしれない。

　この塗漆を穿ち、冑の縁に沿って二二個の小孔が一周している。これらより一段上の右側面と背面には二個一対の、左側面には一個の小孔が穿たれている。この五孔は鋲付けであるが、二二孔は結論がでていない。木地割れや反り防止の孔と指摘する研究者もいる。また、頭頂部にも中心を外した位置に小孔が穿たれるが、用途は不明である。

　冑の年代観は、井戸の築造年代が九世紀代であり、埋没年代が九世紀第3四半期であることから、考古学的には九世紀前半代に絞り込まれる。さらに徳丹城の廃絶年代が九世紀中葉の早い頃であることを考慮すると、井戸は徳丹城時代のものであり、その底に転落していた冑も同様の年代観でとらえられる。ただし、水桶への転用を考慮すれば、もう少し古くなることも考えられる。ところが、ＡＭＳ（加速器質量分析）法による塗漆（木地含む）の放射性炭素年代測定の結果は、消極的にとらえれば西暦六四〇〜六九〇年（その確率九五・四％）、積極的にとらえれば西暦六五〇〜六七〇年（その確率六八・二％）という年代値を測定した。

　冑の形と大きさは、平安時代中期以降の大鎧《おおよろい》にともなう初期の厳星冑《いかぼしかぶと》よりは、古墳時代の衝角付冑に近似する。とくに、古墳時代末期の衝角付冑の退化段階のものに酷似していることから、ＡＭＳ法が測定した年代値は調和的な数値だといえる。

　この七世紀後半代の陸奥国は、国府多賀城の前身として郡山遺跡Ⅱ期官衙（初期陸奥国府）が設置されている時代である。木製冑がどこで製作さ

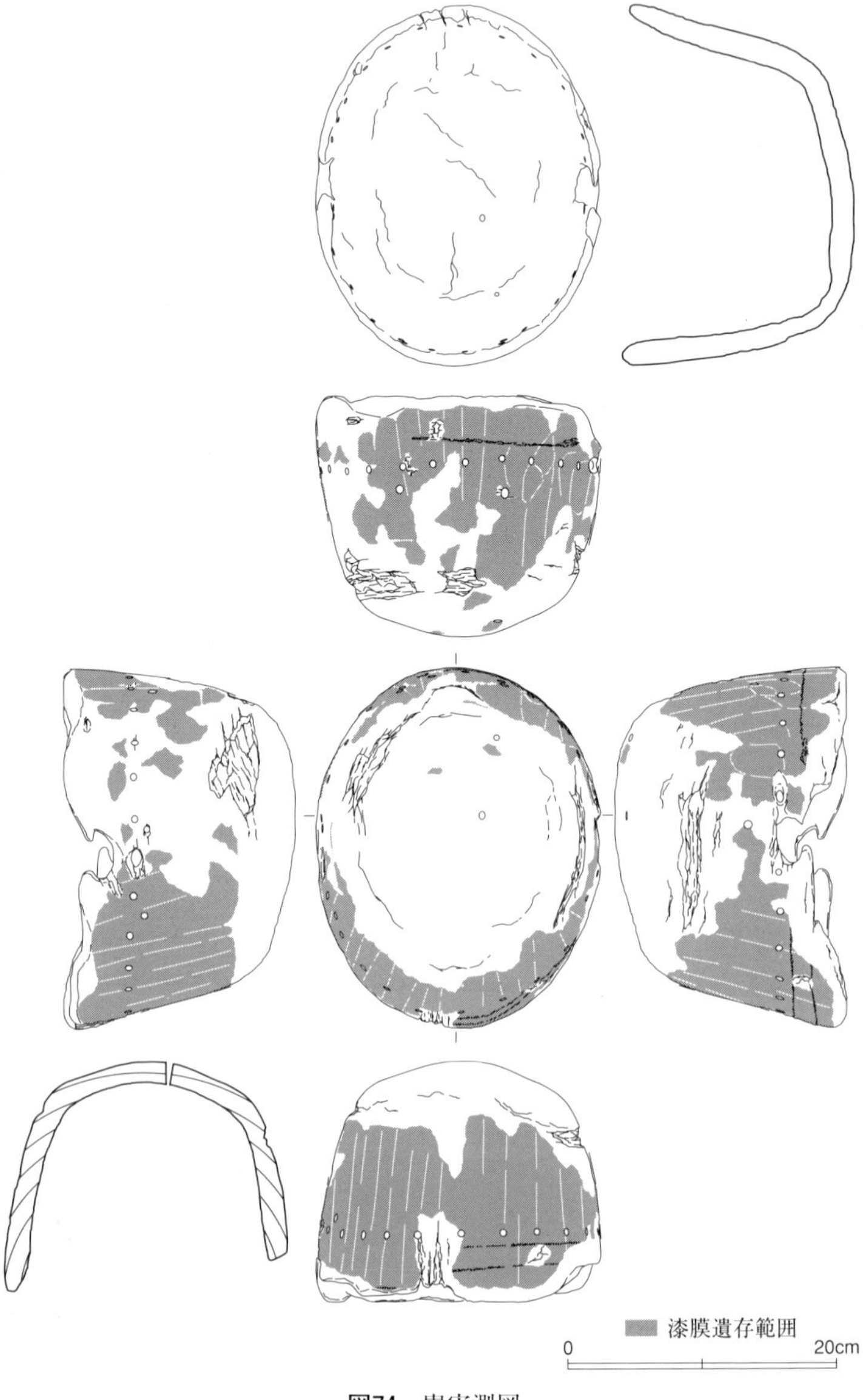

図74　冑実測図

れ、どのような経過をたどり徳丹城にいたったのかは不明である。いずれにしても武器・武具の国家管理はきわめてきびしかったことから、征夷政策のなかで鎮守府や軍団を中心に管理された木製冑だった可能性は高い。

　これまで日本の甲冑・武具史のなかでは、古墳時代末期以降平安時代中期までの間の実態は空白だった。それだけにこの空白期に位置づけられる徳丹城冑は重要であるといえるが、律令制が定着した時代の冑型式が、古墳時代の衝角付冑の要素をもっているという実態はまさに驚きであり、これに組み合う、たとえば秋田城跡出土挂甲《けいこう》の型式やその下限など、大鎧の発生時期などを考える上からも重要な発見だったといえる。

　ところで、八七八（元慶二）年の元慶の乱の折、夷虜によって焼盗された秋田城の冑のなかに「木鉢」と記述されるものがある（『日本三代実録』元慶五年四月二五日条）。徳丹城の木製冑がその「木鉢」だという。

　出羽国の元慶二年、夷虜により焼盗する所の（中略）革短甲三四七領。冑五三三枚。鉄鉢一五七枚。革鉢五〇枚。木鉢三二六枚。（後略）

　秋田城の木鉢は、冑全体の六一・一％を占め、鉄鉢一九・五％や革鉢九・四％の数を上回っている。このことから推察すれば、木製冑自体は当時としては希少なものではなかった。ところが、遺跡からの出土品を含め現代に伝世するものがないのは、材質が木質だからであろう。木は腐食しやすい上に、壊れれば燃料として燃やされる。それゆえ、遺存しにくい。徳丹城冑が現代に遺ったのは、水桶として井戸底に転落した偶然の賜物だったのである。

　「柱脚」は、志波城からの再利用とされる。徳丹城跡から出土する建物跡の建築材は、すべてではないが志波城で使用されていたものの再利用であり、筏に組まれて雫石川から北上川へ流され、さらには運河へと引き込まれて水運されてきた。ただし、この件に関する明確な証拠はない。出土する柱脚の基部に目途穴というロープ穴があることから筏を組んだことは間違いないが、それがすなわち志波城で使用されていたことの証拠にはならない。新材かもしれないからである。

既述のとおり、志波城跡の発掘調査では主要舎殿の柱のほとんどは抜かれて解体されているが、これは志波城の移転というものを前提とした行為であることから、結局、これが唯一の状況根拠ということになる。

外郭西門跡の第五次調査では「由北角柱」と、第六三次調査では「西門」と刻字された柱脚が出土した。「由北角柱」の柱脚は北東隅柱で、文字通り北角（隅）の柱だった。これらは志波城解体時に刻まれた番付で、これをもとに徳丹城は組み立てられたのだろう。

仁和三（八八七）年、出羽国府の移転に関する記事のなかに「閑月に遷し造り、農務を妨げず。その旧材を用いて、新たに採る労なかれ」（『日本三代実録』）というくだりがある。つまり施設を移転させるときには「用其旧材」というリサイクルが行われていたのである。これは志波城の移遷にあっても適用されていたはずで、まさに「由北角柱」の刻字が物語るように、旧材を組んだ筏が雫石川から北上川、そして運河へと流されてきたのである。

土製品・石製品・鉄製品・その他

土製品には、第二四次調査で、外郭外溝跡から出土した径三センチ弱の小さな鈴がある。

石製品としては、第四二次等の調査で砥石、第

図76　徳丹城に先行する官衙に伴う井戸跡と周辺から出土した石灰岩塊

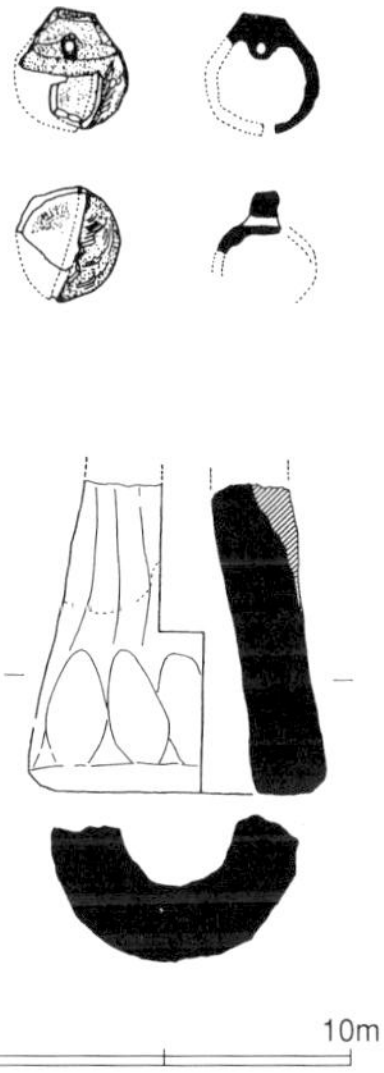

図75　鈴・鞴羽口実測図

四五次・第六六次調査で碁石が出土している。

鉄製品には、外郭南門の扉に装着した可能性がある正六角形の釘隠し状の鉄板がある。

その他、第三八次・第六五次調査では、漆パレットの土器片が出土している。第四三次調査では、造営段階の井戸のなかとその付近に廃棄された石灰岩とみられる柱状の白石塊が三個出土している。用途はわからないが、漆喰壁の原材料とも推察される。また、第三七次・第四二次・第四五次調査では鉄滓、第六六次調査では鍛造剝片が出土している。

これらはどれも工房関連のものであり、造営段階の遺構にともなう可能性が考えられるが、第六五次調査出土の漆パレットは、機能段階の工房施設にともなう遺物である。

文字資料

土器への墨書に、「吉」「由」「太」「中」「寺」「大」「厨」「左」「卝」「土」

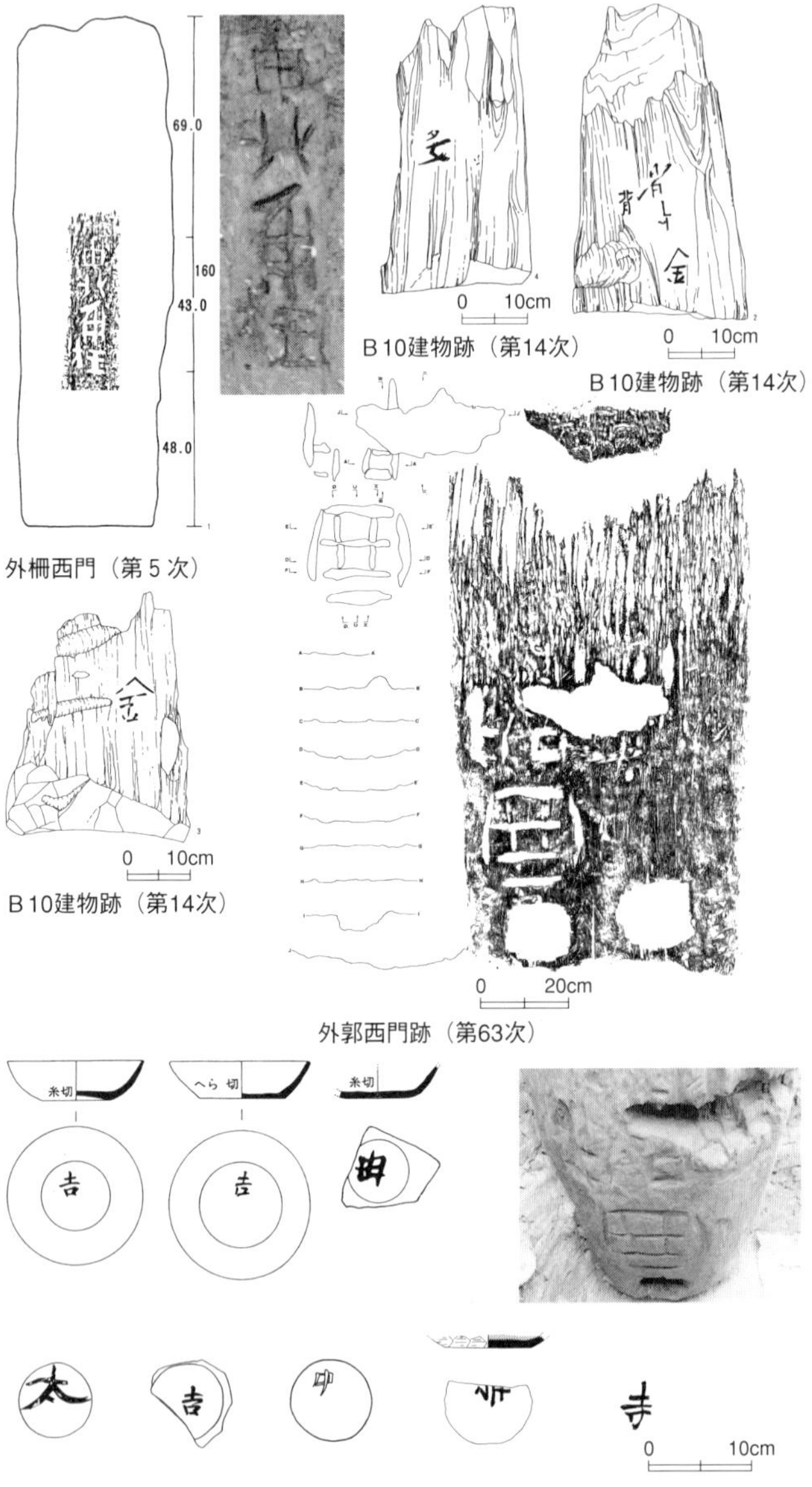

図77　文字資料集成図①

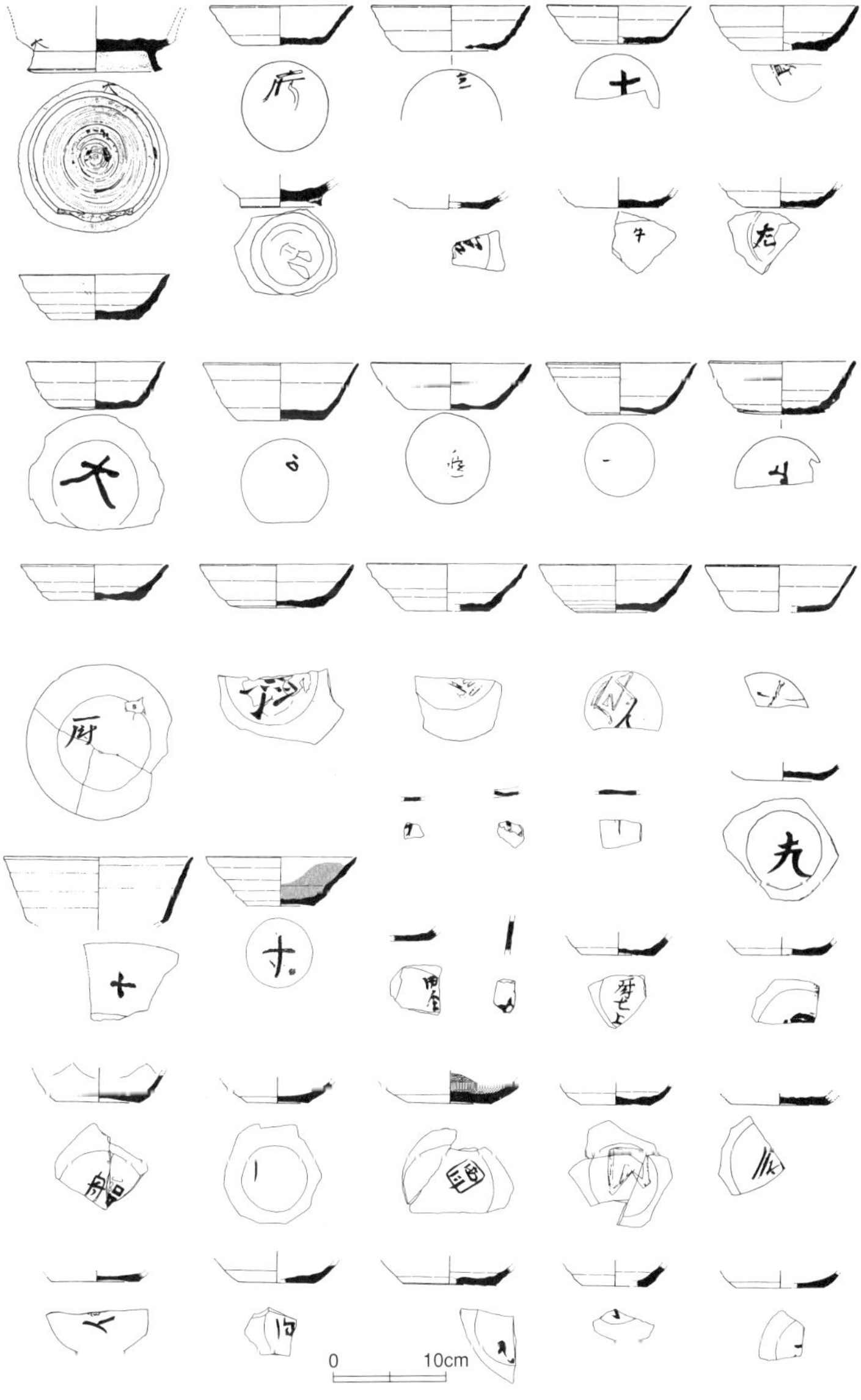

図78　文字資料集成図②

「宮（?）官（?）」「九」「進」「二」「十」「西川」「船」「河人」「厨七上」「田舎」「寸」「厨□」がある。

いずれも解釈はむずかしいが、城内の施設を指す「厨」や、「厨」内の所属あるいは管理番号とも思える「厨七上」がある。また、水運関係か、「船」「河人」などが注目される。

柱脚への刻書には、外郭西門北東隅柱の「由北角柱」がある。一字目の「由」は三画目と四画目が、一画目、二画目、五画目から飛び出しており「甲」や「申」、「田」にもみえる。また、「柱」は五画目の点が打たれていない。識字者が刻んだ文字かどうか疑わしい。

同じく、外郭西門西桁柱の北から二本目の柱に「西門」と読める刻字がある。掘方のなかでは逆さ文字状態だったが、地上で刻まれた文字であろう。全体の形はたしかに「西門」にみえるが、これも識字者が刻んだものか、とても疑わしい。

なお、第一四次調査で掘り上げられた柱脚に「省□金背」「金」などの文字が墨書されていたらしいが、残念ながらこれは柱脚そのものが残っていない。

（八）先行官衙から徳丹城廃絶まで――その変遷

徳丹城跡との直接的な重複関係から、当該官衙が徳丹城に先行することについては既述のとおりである。ここではこの重複関係から得られる二つの時期を大別した上で、個々のたどる変遷について整理してみたい。なお、徳丹城跡で出土する土器群は、新旧要素が混在する傾向にあることから決定的な差異が認められず、詳細な編年ができていない。したがって、この変遷作業に詳細編年は反映されていない旨お断りしておきたい。

徳丹城に先行する官衙　Ⅰ段階（造営期）、Ⅱ段階（造営期）、Ⅱ段階の一小期（造営期）の三期に分けることができる。

Ⅰ段階（造営期）では、志波城政庁の規模（五〇〇尺）や主軸方位（四～六度）、内部建物群の構成などが継承され、政庁が先行移転した形で先行官衙が成立するが、成立時期は不明である。ただし、徳丹城造営の縄張り以前に、成立していた可能性が考えられることについては既述した。

中心建物である三面廂建物と北西大形建物群などの掘立柱建物群を主体に、井戸や小形住居群が配置される。区画外では、「別将」と関連深い竪穴住居群が配置され、段丘下には「運河」が開鑿される。

Ⅱ段階（造営期）は徳丹城Ⅰ段階（機能期）と重複する。北西大形建物群が撤去され、代わりに同じ場所に工房を抱えた中形住居群が主体的に配置される。中形住居群は、外郭線（東辺以外）の完成にともなう区画溝の埋め戻しを受け、それまで外だった地区にも広がる。また、小形住居群は竈をつくり替えながら継続配置される。

北西大形建物群が撤去されていることは、志波城色が薄れたことを意味し、言い換えれば徳丹城政庁が成立したということができる。これにともない政庁内の大形住居等は撤去される。

Ⅱ段階の一小期（造営期）では、先行官衙の撤去と同時に東外郭線が閉鎖される。ほとんどの竪穴住居群が埋められたが、そのまま放置されたり、継続する竪穴住居もみられる。

徳丹城　Ⅰ段階（機能期）、Ⅱ段階（機能期）、廃絶期の三期に分けることができる。

Ⅰ段階（機能期）は先行官衙Ⅱ段階と重複する。政庁Ⅰ段階を指標とし、北東官衙Ⅰ段階、南東官衙Ⅰ段階、南西官衙Ⅰ段階を併行関係でとら

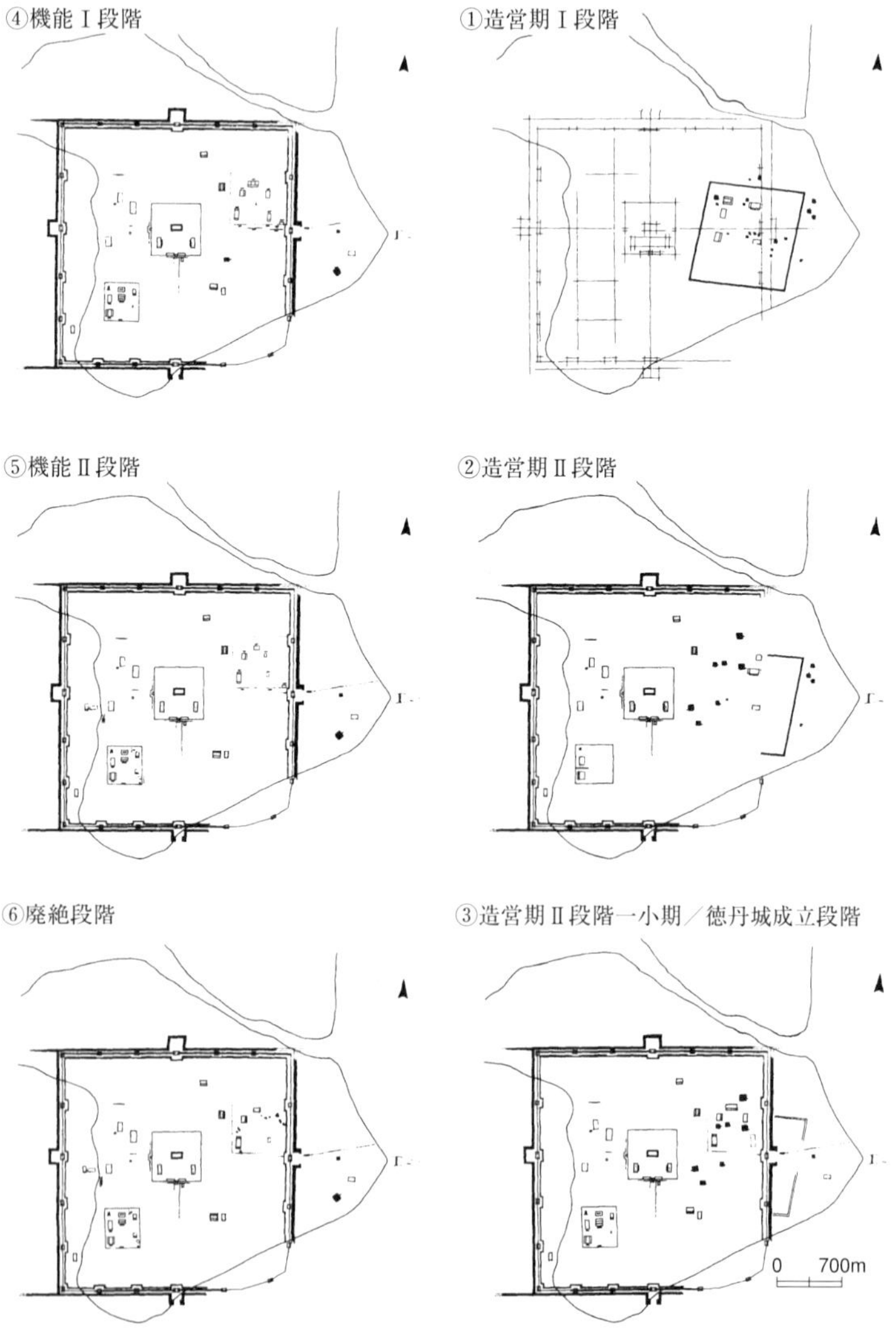
④機能Ⅰ段階
①造営期Ⅰ段階
⑤機能Ⅱ段階
②造営期Ⅱ段階
⑥廃絶段階
③造営期Ⅱ段階一小期／徳丹城成立段階
0
700m

図79　徳丹城変遷図

表10　徳丹城年表

西暦	年号	年	月	事　柄	胆沢城	志波城	先行官衙			徳丹城		
802	延暦	21	1		造営							
803		22	2			造営						
804		23	5	斯波城と胆沢郡の間に一駅								
805		24	11	徳政相論								
808	大同	3	7		鎮守府移転	政庁改修（津嶋説）						
							成立？	I段階				
811	弘仁	2	1	和我・薭縫・斯波三郡設置		移転建議				造営計画（伊藤説）		徳丹城の縄張り？
			閏12	38年戦争終結 鎮兵削減案		水害移転（鈴木説）移転終了						外郭線・政庁着工？
812		3	4	鎮守府官制縮小								
813		4	3	この間15ヶ月間『日本後紀』欠落								
								II段階	北西建物群撤去 中型住居群拡大 溝の埋め戻し		機能I	政庁成立 北・西・南外郭線完成
			5	文室綿麻呂征夷将軍と為す								
814		5	6									
			11									
815		6	8	鎮兵1000人停止	鎮兵500人停止	事実上廃止	撤去	II段階一小期	住居群撤去	文献上の初見 鎮兵500人停止		東外郭線閉鎖・全施設完成
											機能II	
834	承和	1	7		鎮守府印							
835		2	2	物部斯波連賜姓								
836		3		坂上清野按察使罷め帰京						徳丹城停止（樋口説）	廃絶	9世紀中葉頃築地大垣崩壊

えている。とくに、北東官衙の建物群が整備された段階では、北東官衙内の中庭に展開していた先行官衙Ⅱ段階にともなう中形竪穴住居群は存在していない。

Ⅱ段階（機能期）は政庁Ⅱ段階を指標とし、北東官衙Ⅱ段階、南東官衙Ⅱ段階、南西官衙Ⅱ段階を併行関係でとらえている。ただし、全官衙が政庁変遷に同調するかどうかは不明である。

政庁、北東官衙、南西官衙の内部建物群が小規模化していく傾向にある一方で、南東官衙については主要舎の重要度が増し、反対に拡充して整備される。

廃絶期は、外郭外溝や内溝に流入する築地大垣の崩壊土から出土する須恵器坏や外溝上層出土の灰釉陶器（黒笹一四号窯式）から、九世紀中葉頃と推定される。

Ⅵ　志波城と徳丹城――最大の城柵から最小の城柵へ

1　志波城と徳丹城の歴史的評価

徳丹城は、巨大に造営された志波城にくらべ、多くの面でその消極性が強調されてきた。

それは一つに、征夷政策の過程で設置されてきた城柵の数々が、南から北へといった北進政策をとってきたのに対して、志波城と徳丹城の位置関係は逆転していることから、撤退に近い意で南退と解釈されてきたのである。何より徳政相論後の城柵でもあったことと、現実、志波城にくらべ規模が破格に小さくつくられたことや、鎮守府官制の縮小政策から必然的に北進政策を国家が放棄したと表現され、徳丹城の歴史的評価をいっそう薄いものにしてきたのである。

たしかにそうかもしれない。明らかに徳丹城名が郡名を冠していないことを挙げても両城に対する国家の期待度の差異はあったのだろう。しかし、既述のとおり徳丹城の造営は南退したのではなく、同じ水系内、同じ郡内において「便地」を確保した結果、一〇キロ南へ移動しただけのことであり、蝦夷政策の放棄などではなかった。

近年の発掘調査成果からもそのような消極性は見出せない。政庁比率にもみられるように、コンパクトで合理的な姿さえ浮かび上がってくる。志波城が、二重、三重にめぐらせた堅固な構えをもって威圧的であり、城内に一〇〇〇〜二二〇〇軒もの兵舎を抱えている一方で、徳丹城ほど官衙は整っていない。対する徳丹城は、政庁まわりの空間や官衙が整然と配置されている一方で、志波城ほど堅固でもなく、五〇〇人いたはずの鎮兵の兵舎もみあたらない。志波城は「征夷的」であり、徳丹城は「行政的」であるといえ、両者の関係には、規模だけではない根本的な相違点が存在する。

なお、志波城から徳丹城への九年間には「先行官衙」が存在する。この官衙の性格が何であるのかは結論を得ていないが、既述のとおり、この官衙が規模、主軸方位、建物配置などの点において志波城政庁と類似し、内部に竪穴住居群を相当数配置している点においても志波城の郭内構造に共通する。これはこの官衙が志波城色を色濃く反映していたことを示すものであろう。

ところが、徳丹城の段階になると志波城色、つまり征夷色が薄れ、きわめて行政色が強くなるのである。これは徳丹城が融和の時代の城柵だったことの証であろう。

「先行官衙」には、現在まで三〇軒ほどの竪穴住居群がともなうことがわかっている。これらの竪穴住居群は造営にかかわり、造営終了後ほぼ一度に撤去、あるいは放置されている。また、区画溝内の六割に相当する未調査地には、さらに一〇〇軒程度は存在すると推察され、それらが同じようにこの「先行官衙」に付属し撤去や放置されていた場合、相当数の人間が一度に住む場所を失うことになる。徳丹城で一度に多くの人間がいなくなるのは、八一五（弘仁六）年の鎮兵五〇〇人の停止時である。

一方、徳丹城にともなう竪穴住居数は、現在、城内・外あわせても一〜二軒しか確認されていない。五〇〇人いた鎮兵の住居としては、極端に数が少ない。したがって、「先行官衙」が抱える竪穴住居群こそが五〇〇人の鎮兵の住居とは考えられないだろうか。つまり『類聚三代格』が、停止する鎮兵を「合一千人　胆沢城五百人　徳丹城五百人」と記している史実と、「先行官衙」が抱える竪穴住居群が一度に撤去、あるいは放置されている考古学的事実は、同一の実態なのではないかと推察するのである。だとすると、この「先行官衙」は徳丹城の前身ではないかとも推察されるのだが、ただし城柵としての構造を満たしていない。

ところで、この「先行官衙」に志波城政庁の機能を先行移転させたのは、政務の空白を生じさせないための方策だと考えられる。それでは先行移転させてまで生じさせたくない政務の空白とはいったい何だったのだろうか。筆者は、八一一（弘仁二）年正月に置かれた「和我《わが》、薭縫《ひえぬい》、斯波《しわ》三郡」の統治ではなかったのかと考えている。つまり、志波城造営後八年目にして置かれた三郡の統治を志波城はまともには行っていない。むしろ同じ年に停止と移転が決定された。必然的に三郡統治への期待は次の徳丹城にかかってくる。三月〜十二月にかけて「尓薩體《にさつたい》、幣伊《へい》二村」が征討されているのは、設置されたばかりの三郡の安定化のための軍事行動だったともいわれており、これらのことが一体的に徳丹城造営まで連動してくることを考慮すれば、「先行官衙」を置くことは理解できる。いや、三郡統治を重視し置かれた先行官衙だったとすれば、むしろ郡家そのものといえるが、本来の郡家としての要素は満たしていない。おそらくは、志波城の政務を補完し（ただし、出土遺物からみて志波城ほど出羽方面との関係は密接ではなく……）、新設された三郡を統治し、鎮兵を抱え、徳丹城造営にもかかわった、そのような多岐にわたる諸要素をもった施設であって、一元的な性格のものではなかったと推察されるのである。いずれ、これほどの要件を満たすに充分な「便地」が確保されたことは間違いないようだ。ただ、徳丹城が完成するまで、志波城にこのような機能を置いておくことが適わないほど、じつは志波城の水害はことのほか深刻だったのかもしれない。

「徳丹城に先行する官衙」が何であったのか、なお多くの課題を残している。

2　徳丹城の廃止

八一五（弘仁六）年、胆沢城と徳丹城に五〇〇人ずついた合計一〇〇〇人の鎮兵が廃止された。その後、文献上の記録はいっさいないことから、かつてはこれをもって徳丹城は廃止されたという説もあったが、そうではない。ただしこれ以降、徳丹城は軍事的な立場を低下させたことは否めず、鎮守には俘囚兵力が充てられたといわれる。

樋口知志は徳丹城の廃止年について、坂上清野《さかのうえのきよの》の「夷民和して親しむ。関塞事無く、官を罷め都へ帰る」という陸奥出羽按察使在職中の八三六（承和三）年と説いている。これは九世紀中葉頃とする考古学的な年代観とも矛盾しない。

徳丹城の時代は「夷民和親」と記されるとおり、蝦夷社会はなべて平穏だったのであるが、平和裡のうちに廃止されたものの、皮肉にもその後の蝦夷社会の不安定要素を増大させ、承和・斉衡年間には幾多の騒擾を引き起こす契機となった。

3　徳丹城廃止後のこの地域

徳丹城が機能していた時期、集落遺跡は思ったほど多くはない。これは本当に少ないのか、あるいは発見されていないだけなのか、今のところわからない。しかし、一つ注意したいのは、集落における須恵器の保有の有無である。徳丹城と有機的にかかわった集落は須恵器を下賜されるが、かかわらない集落には下賜されない。八世紀型の土器組成のなかにヘラ切りの須恵器坏が加われば伊治城型組成として九世紀初期の年代観でとらえられる。つまり、須恵器を保有していないがゆえに九世紀にみなされない集落があるかもしれないのだ。

徳丹城跡の半径三キロ圏内では、徳丹城外（館畑）遺跡、高田館跡、渋川遺跡、高水寺遺跡で二〇軒ほど調査されているが、出土する須恵器には多分に官衙的な蓋や転用硯、墨書土器（「又」「廿」「佐」）などがある。墨書土器は人の手を移動するため、識字者の存在を示す資料にはならないが、硯は明らかに識字者の存在を示す資料である。この圏内から現地登用された下級役人がいた証拠であろう。

ところが、徳丹城廃止後集落は拡大する。とくに九世紀後半～十世紀前半に爆発的に増える。いわゆる遺跡数が増えるのである。それまでの低位段丘から中位段丘へと、あるいは山間地域にまで広がりをみせるようになる。しかも集落の構成も多くは二～三軒の竪穴住居跡の組み合わせからなり、七世紀後半～八世紀代には一〇軒程度の単位

図80　城外館畑遺跡SB01掘立柱建物跡

で成立していた伝統的な蝦夷集落とは様相を異にしてくる。これは伝統的な蝦夷集落が集団内生業で成立してきたのに対し、九世紀後半以降はたとえ二〜三軒でも成立していけるほど生業の専業化が定着し、個々の集落に基礎体力がついていたことを示唆するものであろう。つまり、徳丹城が本来保持していた灌漑などの農業土木や小鍛冶などの鉄器生産など、高度な技術が受容され拡散した結果が中位段丘や山間地域への開発を可能にしたと考えられる。

基礎体力を得た集落のなかには、もともとの譜代勢力としてもっていた地盤に息を吹き返し、あるいは新興勢力として台頭し、ニューリーダーたちを輩出するものも現れた。後に鎮守府官人まで輩出することになる「物部斯波連」（『続日本後紀』承和二〔八三五〕年二月四日条）一族がこのような勢力であろうと考えられるのである。

徳丹城の廃止後、徳丹城が支配していた領域はひとり胆沢城が支配する形になる。胆沢城はこの徳丹城廃止に備え、専用の印章を用意し（『続日本後紀』承和元〔八三四〕年七月二十二日条）、城内の施設が整備された。ただ、広域な陸奥国北半をひとり胆沢城が直接支配するには限界があり、この時期台頭していた勢力に地域の統治を委任する形で間接的な支配を執行していた。大島遺跡（盛岡市）や江刺家Ⅱ遺跡（九戸村）などから石帯が出土しているのは、このような背景のなかで、なんらかの形で国家とかかわっていた証であろう。

徳丹城の城外でも、九世紀後半、大規模な掘立柱建物跡が出現してくる。掘立柱建物は南廂を有する格式高い建物と、二面廂をともなう付属建物が発見されたが、さながら徳丹城がもっていた機能を城外に出したような印象を与えるのである。しかも、徳丹城の軸線に規制されず、かつての国有地（徳丹城）内を侵すこともせず、十世紀前半代まで低位段丘の上で、運河を見下ろしながら展開している。

この城外館畑遺跡の勢力は、徳丹城廃絶後、胆沢城が行った間接的な地域支配の受託者として徳丹城の膝元を統治していた。じつは彼らこそ、かつて徳丹城造営に際しこの土地を提供した藤沢狄森古墳群の被葬者達の末裔ではないかと考えている。

彼らにとってこの地はかつての本拠地であった。しかし彼らは一貫して城内を侵さなかった。それは胆沢城との有機的な関係を担保するためにも、したたかな地域支配の受託者として、国家と交わした誓約だったのかもしれない。時代がめぐり、世代が変わろうと、彼らの心のうちには、藤沢狄森古墳群の被葬者たちの末裔としての自覚があった。それゆえ先祖が眠る神聖な古墳群を永々と守りぬいていったのである。

その後、十四〜十五世紀、徳丹城はかつて外郭南門だったところと外郭東門だったところが破られ、泥濘《ぬかるみ》が普請されて道（道路1〜3）ができ

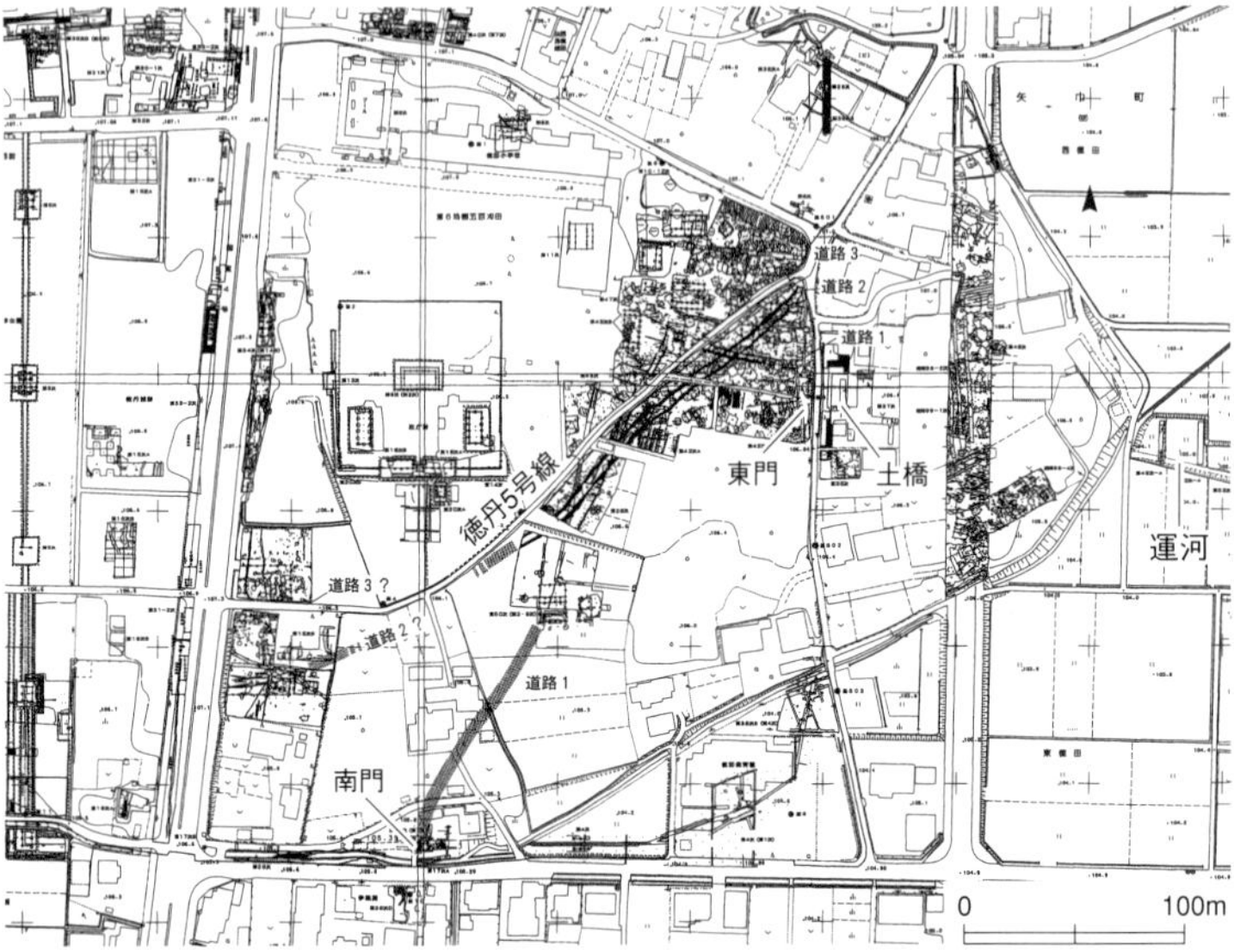

図81　14〜15世紀以降に通った道

た。それはかつて北上川から運河、土橋、東門、そして城内へと通じる人の流れを髣髴とさせる道であった。しかしながら、いつしかそれも人びとの記憶から消え去り、今は町道徳丹五号線がその名残をとどめている。

Ⅶ　過去から現在、そして未来へ

1　志波城のとりくみ

第Ⅰ期保存整備事業計画　二〇〇三（平成十五）年九月、志波城は八〇三（延暦二十二）年の造営年から数え一二〇〇年目をむかえ、それを記念したシンポジウム、志波城まつりなどの各種催し物が開催された。

盛岡市教育委員会では、一九八四（昭和五十九）年の史跡指定後、一九八八（昭和六十三）年には保存管理計画を策定し、保存管理上の方針が示された。これを受け、史跡の利活用をめざした整備基本構想と基本計画が示され、一九九三（平成五）年、造営一二〇〇年に向けた第Ⅰ期工事が開始された。

第Ⅰ期史跡整備地区は、外郭南門と外郭南辺の築地大垣、櫓建物など、外郭南辺を構成する遺構群の復元工事が行われ、一九九七（平成九）年から「志波城古代公園」として一般に開放されている。この実績は「志波城跡　第Ⅰ期保存整備事業報告書」にまとめられている。

図82　志波城の復元された外郭南門の前で行われる“さんさ踊り”

第Ⅱ期保存整備事業計画　一九九八（平成十）年度からは、二〇一一（同二十三）年までの計画で、政庁南門・東門・西門、官衙建物の復元が開始されている。

志波城まつり　一九九七（平成九）年の開園から始まり、二〇〇八（平成十九）年度で一〇回目をむかえる。まつりは地元の地権者等から編制される愛護協会が実行委員会となり、行政と連携で進められている。地元自治会、商工会、農協女性部等の協賛を得て、地場産品を扱った市場が開設され、地元の小・中学生による郷土芸能や総合学習での研究テーマを紹介する展示ブースなども開設される。とくに、古代米の田植えから収穫まで携わった中学生による試食コーナーは人気を博している。

文化財のコーナーでは、岩手の三城柵のネットワークとして胆沢城ブース、徳丹城ブースを設

図83　志波城1200年祭のようす（政庁南門を仮装行列が通る）

置。盛岡市教育委員会の埋蔵文化財展も人が絶えない人気コーナーである。

他には、勾玉作り、黒曜石を用いた石器作り、縄文火起こし、紙芝居、風船アートなど、子供に人気のキッズコーナーも置かれている。

遺跡の学び館　遺跡の総合情報を提供するために二〇〇四（平成十六）年に開館した。展示機能や調査研究機能のほかには、パソコンによる遺跡情報の検索コーナーや図書室が配置されている。エントランスのフロアーに貼られた市内全域の航空写真は、入館者の目を最初に釘付けにする。

2　徳丹城のとりくみ

徳丹城の第一次史跡整備は、指定の翌年一九七〇（昭和四十五）年から開始され、外郭北門、外

図84　ワークショップのようす

郭南門、外郭西辺、北東官衙、政庁南半地区を対象に一九八六（昭和六十一）年度まで一六年間行われた。

二〇〇三（平成十五）年度には「第二期保存管理計画」を策定し、そのなかで史跡保全の基本理念を確立させ、それまではとかく不整合なままに行われてきた土地の買い上げと史跡整備、そして発掘調査とを整合性をもたせた形で行っていくことを謳いあげた。

ワークショップ　史跡整備活用基本構想の策定をめざし、二〇〇四（平成十六）年五月・六月に、学生（高校生・大学生）、商工業者、地元自治会、郷土史愛好者を対象としたワークショップを開催した。郷土の誇りとしての史跡、愛される史跡、誰でも気軽に立ち寄れる史跡、憩いの空間としての史跡等々、建設的な意見が多く出され、基本構想に反映された。

図85　徳丹城復元イラスト

ワークショップを受け、

史跡整備活用基本構想

二〇〇四（平成十六）年度、整備活用基本構想を策定した。第二期保存管理計画で確立された基本理念を核とし、過去・現在・未来の徳丹城に対してそれぞれの役割をもたせた。整備活用にかかわるコンセプトを「律令国家最後の城柵」とし、あわせて整備にストーリー性やテーマも設けた。また、史跡間のネットワークのなかでは、世界遺産をめざす平泉を含めた、北上川を軸とする考え方も盛り込んでいる。

なお、基本理念として、以下の三点を掲げている。

①国民共有の財産である史跡として保護を図るとともに未来へと継承する

②地域の誇りや心のよりどころとなりうる史跡として、まちづくりに活かす

③徳丹城の研究成果にもとづく新たな歴史像の

図86　史跡徳丹城跡整備構想想定図

公開および発信などを行う

　また、整備のテーマも定めた。それは次の二点である。

①土地の人びとと律令国家の融和

②志波城から徳丹城へ

歴史民俗資料館　史跡徳丹城跡の西側に一九八三（昭和五十八）年に開館した。

開館当初は、各種文化財を展示していたが、一九八八（昭和六十三）年からは町指定建造物南部曲家に民具類を移設した。現在は、史跡のガイダンス施設としての役割を担わせ、史跡や町内遺跡からの出土品を展示・解説している。

開館以来、古文書解読講座、郷土史講座、曲家塾などを開設してきた。現在は、学校週五日制の施行以来、町内の小・中学生を対象に土曜日の無料パスポートを配布している。

狭隘な施設であるため、体験学習室がなく、現

図87　歴史民俗資料館

図88　歴史民俗資料館の発行する「わたまろくんだより」

図89　徳丹城まつりの風景

代のニーズに応えていない。老朽化も目だってお り、史跡の整備活用基本構想に対応したリニュー アル等が課題となっている。

なお、歴史民俗資料館通信「わたまろくんだよ り」は、平易な内容で人気がある。

徳丹城まつり　一九八七（昭和六十二）年から開催し、二〇〇八（平成十九）年度で二一回を数える。当初は夏に行われてきたが、二〇〇六（平成十七）年度からは春の桜まつりとして行うようになった。

地区の商工会や地元自治会、NPO、行政による実行委員会を組織して行っている。史跡内にある徳田小学校の創作「徳丹太鼓」の演奏や芝生上での巨大カルタ大会、丸太曳きレース、徳丹城ウルトラクイズ、郷土芸能などが行われてきた。

文化財体験コーナーでは、勾玉作り、土玉アクセサリー作り、拓本を挟み込んだオリジナル栞作りなど人気がある。二〇〇七（平成十八）年度からは史跡ツアーも開設し、一時間で史跡を一周する「わたまろコース」はいちばん人気。「別将コース」「運河コース」も設置している。

また、商工会や農協等の市場や青空フリーマーケットなどのブースも開設される。

徳丹城グッズ

徳丹城のイメージキャラクターを「わたまろくん」という。「別将殿」もその一員。このキャラクター缶バッチを市販の缶バッチつくり器で作製している。また、土曜日の開放時には土玉アクセサリーや栞の作製も行い、無料で配っている。

志波城古代公園

交　　通　JR 盛岡駅からタクシーで15分。バスは JR 盛岡駅13番乗り場から本宮線・羽場線矢巾営業所行きに乗り飯岡十文字下車、徒歩５分。車では東北自動車道盛岡南インターチェンジから15分、同盛岡インターチェンジから15分。

開 園 日　12月まで（ボランティアガイドあり）

問い合せ　連絡事務所　019－658－1710

遺跡の学び館

交　　通　JR 盛岡駅からタクシーで10分。東北自動車道盛岡南インターチェンジから20分、同盛岡インターチェンジから15分。

休 館 日　月曜日・年末年始・毎月最終火曜日

開館時間　９時～17時（入館は16時30分まで）

入 館 料　一般200円・小中学生100円（団体は一般160円・小中学生80円）

問い合せ　019－635－6600

Ｕ Ｒ Ｌ　http://www.city.morioka.iwate.jp/14kyoiku/iseki/manabikan/index.html

矢巾町歴史民俗資料館（徳丹城跡）

交　　通　JR 矢幅駅からタクシーで７分。東北自動車道紫波インターチェンジから30分、同盛岡南インターチェンジから20分。盛岡バスセンターの日詰線・徳田小学校前下車

休 館 日　月曜日・年末年始

開館時間　９時～16時30分

入 館 料　大人150円・小中高生50円

問い合せ　019－697－3704

Ｕ Ｒ Ｌ　http://www.town.yahaba.iwate.jp/siryoukann/index.htm

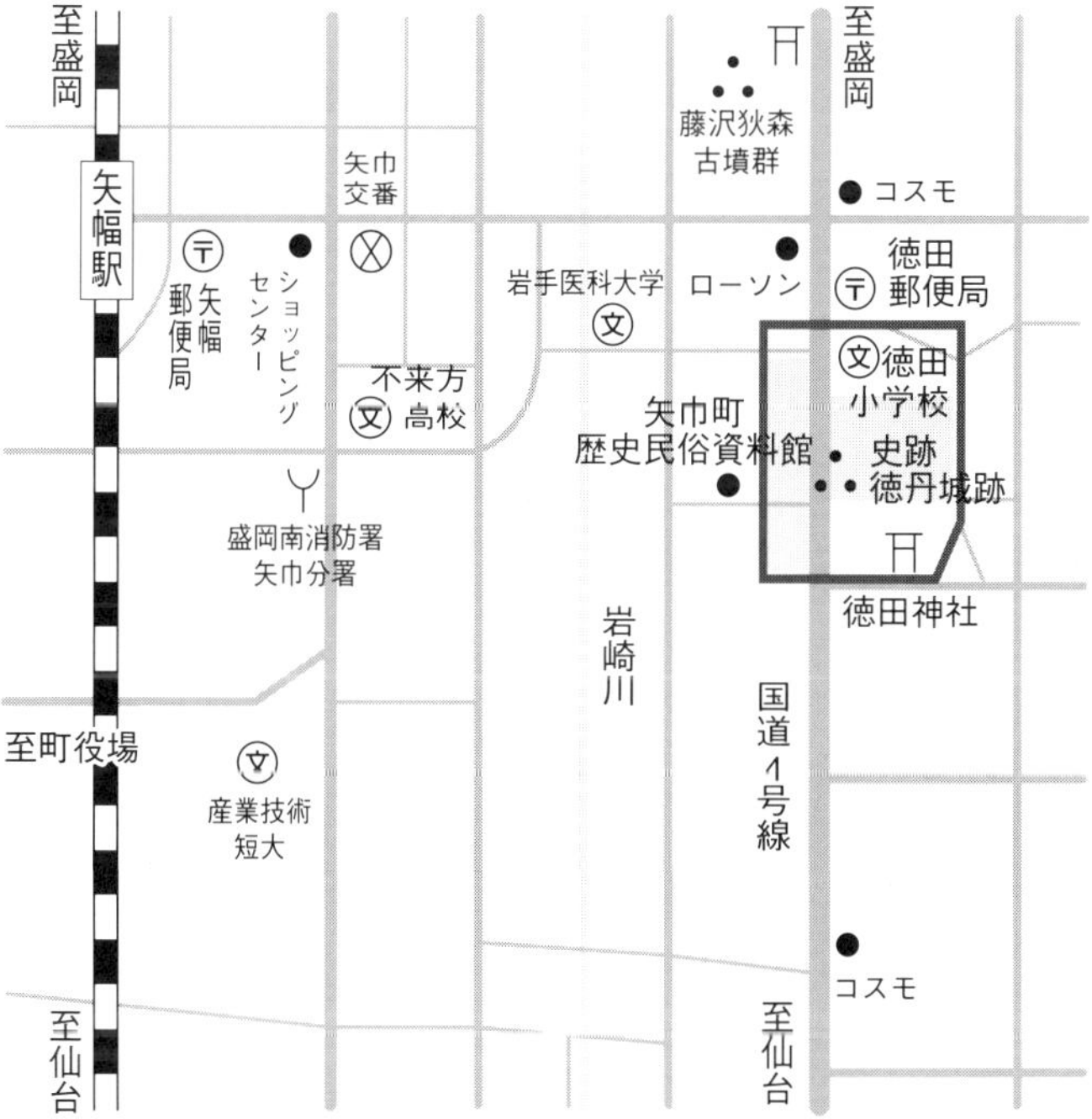

参考文献

伊藤清司　一九四八「徳田遺跡試掘の報告」岩手史学研究　No.1
伊藤博幸　二〇〇二「胆沢城跡発掘調査の成果」第二八回古代城柵官衙遺跡検討会資料
伊藤博幸　二〇〇六「陸奥型甕・出羽型甕・北奥型甕―東北地方の平安期甕の製作技法論を中心に―」吉岡康暢先生古希記念論集　桂書房
伊藤博幸　二〇〇六「東北の動乱」『古代を考える　多賀城と古代東北』吉川弘文館
伊藤博幸　二〇〇七「徳丹遷城論」『国士舘考古学』第三号　国士舘大学考古学会
岩手県教育委員会　一九七二『陸奥国徳丹城』
岩手県教育委員会　一九八二『太田方八丁（志波城跡）』
（財）岩手県埋蔵文化財センター　一九九二『徳丹城跡発掘調査報告書』
（財）岩手県埋蔵文化財センター　二〇〇二『飯岡沢田遺跡第三次発掘調査報告書』
板橋　源　一九五七「岩手県紫波郡矢幅村徳田遺跡調査報告―徳丹城擬定地―」岩手大学学芸学部研究年報　第一二巻
板橋　源　一九八一「志波城の歴史的考察」『志波城跡Ｉ』盛岡市教育委員会
板橋　源　一九七二「徳丹城の歴史的考察」『陸奥国徳丹城』岩手県教育委員会
岡田茂弘　二〇〇六「城柵の設置」『古代を考える　多賀城と古代東北』吉川弘文館
小笠原謙吉　一九二二『徳丹城碑』史跡名勝天然記念物調査報告　岩手県史跡名勝天然記念物調査会
工藤雅樹　一九八九『城柵と蝦夷』考古学ライブラリー五一　ニュー・サイエンス社
工藤雅樹　一九九一「考古学から見た古代蝦夷の文化」『みちのくの古代「蝦夷の世界」』山川出版
工藤雅樹　二〇〇〇『古代蝦夷』吉川弘文館

熊谷公男　二〇〇四『古代の蝦夷と城柵』歴史文化ライブラリー一七八　吉川弘文館
桑原滋郎　一九八六「律令時代」『発掘が語る日本史―北海道・東北編』新人物往来社
小林昌二　二〇〇五『高志の城柵―謎の古代史を探る―』新大人文選書1　高志書院
進藤秋輝　一九八三「東国の守り」『日本歴史考古学を学ぶ・上』有斐閣
鈴木拓也　一九九八『古代東北の支配構造』吉川弘文館
高橋千晶　二〇〇四「胆沢城と蝦夷社会」『古代蝦夷と律令国家』蝦夷研究会編　高志書院
田中喜多美　一九五〇『紫波郡徳田村徳田柵木遺物』史跡名勝天然記念物調査報告　岩手県教育委員会
津嶋知弘　二〇〇四「志波城と蝦夷社会」『古代蝦夷と律令国家』蝦夷研究会編　高志書院
西野　修　一九九八「城柵と地域社会の変容―北上盆地北部の様相―」第二四回古代城柵官衙遺跡検討会資料
西野　修　二〇〇一「徳丹城跡第四六～四九発掘調査―（三）まとめ―」（発掘調査報告書所収）
西野　修　二〇〇一「徳丹城跡東半地域の遺構変遷について（試案）」（発掘調査報告書収収）
西野　修　二〇〇二「徳丹城跡発掘調査の成果」第二八回古代城柵官衙遺跡検討会資料
西野　修　二〇〇三「徳丹城の概要」（史跡徳丹城跡　第2期保存管理計画書所収）
西野　修　二〇〇四「徳丹城と蝦夷社会」『古代蝦夷と律令国家』蝦夷研究会編　高志書院
西野　修　二〇〇四「北上川と古代城柵―北上川水系の中の城柵、その歴史の数々―」北上川文化　一　北上川文化編集会議
西野　修　二〇〇五「徳丹城と古代日本」（史跡徳丹城跡　整備活用基本構想所収）
西野　修　二〇〇七「木製冑―雑考―」（徳丹城跡発掘調査報告書収集）
西野　修　二〇〇七「徳丹城跡出土の木製冑―第65次発掘調査成果から―」日本考古学　第二四号
似内啓邦・津嶋知弘　二〇〇二「志波城跡発掘調査の成果」第二八回古代城柵官衙遺跡検討会資料
林　謙作　一九七八「五条丸古墳群の被葬者たち」考古学研究　第二五巻第三号

樋口知志　二〇〇〇「〈書評〉鈴木拓也著『古代東北の支配構造』」『歴史』第九四号
樋口知志　二〇〇二「志波城・徳丹城と蝦夷」『街道の日本史六—南部と奥州道中—』細井計編
樋口知志　二〇〇二「九・一〇世紀の蝦夷政策」第二八回古代城柵官衙遺跡検討会資料
平川　南　二〇〇二「古代における地域支配と河川」国立歴史民俗博物館研究報告　第九六号
平川　南　二〇〇六「掘り出された文字は語る」『古代を考える　多賀城と古代東北』吉川弘文館
水沢市教育委員会　一九七五～二〇〇六『胆沢城跡』発掘調査報告書
宮崎まゆみ　一九九三『埴輪の楽器—楽器史からみた考古資料—』三交社
盛岡市教育委員会　一九七七～一九七八『太田方八丁遺跡』発掘調査報告書
盛岡市教育委員会　一九八一『志波城跡　Ⅰ—太田方八丁遺跡範囲確認調査報告』
盛岡市教育委員会　一九八一～二〇〇五『志波城跡』発掘調査報告書
盛岡市教育委員会　一九八八『志波城跡　保存管理計画書』
盛岡市教育委員会　二〇〇〇『志波城跡　第Ⅰ期保存整備事業報告書』
八木光則　二〇〇一「城柵の再編」日本考古学　第一二号
八木光則　二〇〇二「徳丹城・胆沢城と征夷政策」『特輯　嵯峨朝の考古学』古代文化　VOL・54
八木光則　二〇〇六「陸奥北半における轆轤土師器の導入」吉岡康暢先生古希記念論集　桂書房
八木光則　二〇〇六「北奥羽の赤焼土器」坂詰秀一先生古希記念論集
柳沢和明　二〇〇七「玉造柵から玉造塞への名称変更とその比定遺跡—名生館官衙遺跡Ⅳ期から宮沢遺跡へ移転—」
『宮城考古学』第九号
矢巾町教育委員会　一九八二～二〇〇七『徳丹城跡』発掘調査報告書
矢巾町教育委員会　一九八六『藤沢狄森古墳群』他、周知遺跡発掘調査報告書
矢巾町教育委員会　二〇〇二『史跡徳丹城跡　第2期保存管理計画書』

矢巾町教育委員会　二〇〇五　『史跡徳丹城跡　整備活用基本構想』
矢巾町　一九八五　『矢巾町史』
山中敏史　一九九四　『古代地方官衙遺跡の研究』塙書房

あとがき

志波城跡と徳丹城跡は、よく親子、兄弟のような城柵だといわれる。それは相互の距離が一〇㌔と近いうえに、やはり一般には水害がもたらした移転という背景があるからだと思う。親子、兄弟であれば、細胞に刻まれたDNAによって顔つきや性格がよく似てくる。これを考古学的に表現するなら、「志波城跡が創建志波城だとすると、徳丹城跡は第二次志波城的な城柵である」とでもいった言い方になろうか。本書が、この二つの城柵を題材として扱うのもこのような連続性や関連性からである。

ところが、この二つの城柵、似ているようで実はあまり似てはいないのである。徳丹城跡は、政庁内部や官衙の配され方、外郭線の内・外溝の構造などどちらかといえば胆沢城跡に似ている点が多い。確かに、移遷に際しては同じ水系内、同じ郡内で処理され、志波城が担った基本的な機能を徳丹城が継承したことは事実であろう。ただ、決定的に異なっているのはその大きさである。この大きさの違いこそが二つの城柵がもつ顔つきであり、個性なのである。これはこの二つの城柵に対する国家の期待度の差異からきているものであろうが、従来いわれてきた撤退政策によるものでないことについては本章で述べたとおりである。この辺を描けたかどうかは不安であるが、改めて強調しておきたい本旨である。

近年、この親子、兄弟に加え新たな関係が生まれた。「徳丹城に先行する官衙」の存在である。この官衙の性格に対する結論は得ていないが、きわめて志波城色が濃いものの一元的性格のものではないと感じている。問題も多く検討を要するが、志波城から徳丹城への九年間のなかに厚みが加わったことだけは確かである。多くの方のご教示を請う次第である。

なお、平成十八年、史跡徳丹城跡の第六五次発掘調査で、全国初の「木製冑」が出土し、徳丹城跡は全国的な注目を集めた。ところが、平成十九年の第六六次発掘調査では政庁地区の大規模な毀損行為が発覚し、その衝撃的な報道は、全国に発信された。史跡指定二年後の昭和四十六年五月〜六月の行為であった。「およそこれが史跡の、城柵の政庁か」と目を覆いたくなる惨憺たる状況であった。全国で史跡や埋蔵文化財の保護に携わり、ご苦労をされている行政担当者や、文化遺産に心を寄せる全国の皆様に深謝するとともに、この事実を開示し、二度とこのような違法行為が起きないよう史跡保全の将来像を描くことが、今の担当者として、筆者の責務であると痛感している。

最後に、本書を草稿するに当たっては、奥州市埋蔵文化財調査センターの伊藤博幸氏、盛岡市教育委員会他の今野公顕・津嶋知弘・似内啓邦・八木光則各氏、挿図作成では矢巾町歴史民俗資料館の小杉久仁子氏、資料の借用等では岩手日報社学芸部の鈴木多門氏、㈱タックエンジニアリングと同社の高橋保弘氏のご協力を頂いた。ここにご芳名を記して感謝の意を表したい。

菊池徹夫
坂井秀弥　企画・監修「日本の遺跡」

31　志波城《しわじょう》・徳丹城跡《とくたんじょうあと》

■著者略歴■

西野　修（にしの・おさむ）

1957年、岩手県生まれ

国士舘大学文学部史学地理学科国史学専攻考古学コース卒業

現在、矢巾町教育委員会社会教育課文化財係係長／矢巾町歴史民俗資料館兼務

主要論文等

「城内山頂遺跡出土の渥美袈裟襷文系壺」岩手考古学第3号　1991

「北上川と古代城柵―北上川水系の中の城柵、その歴史の数々―」北上川文化1　北上川文化編集会議　2004

「徳丹城と蝦夷社会」『古代蝦夷と律令国家』蝦夷研究会編　高志書院　2004

「徳丹城跡出土の木製冑―第65次発掘調査成果から―」日本考古学第24号　2007

2008年10月5日発行

著　者　西野　修

発行者　山脇　洋亮

印刷者　亜細亜印刷㈱

発行所　東京都千代田区飯田橋4-4-8　東京中央ビル内　（株）同成社

TEL 03-3239-1467　振替 00140-0-20618

ISBN978-4-88621-457-7 C3321

シリーズ　日本の遺跡

菊池徹夫・坂井秀弥　企画・監修　　四六判・定価各1890円

【既刊】

①西都原古墳群　南九州屈指の大古墳群　北郷泰道
②吉野ヶ里遺跡　復元された弥生大集落　七田忠昭
③虎塚古墳　関東の彩色壁画古墳　鴨志田篤二
④六郷山と田染荘遺跡　九州国東の寺院と荘園遺跡　櫻井成昭
⑤瀬戸窯跡群　歴史を刻む日本の代表的窯跡群　藤澤良祐
⑥宇治遺跡群　藤原氏が残した平安王朝遺跡　杉本　宏
⑦今城塚と三島古墳群　摂津・淀川北岸の真の継体陵　森田克行
⑧加茂遺跡　大型建物をもつ畿内の弥生大集落　岡野慶隆
⑨伊勢斎宮跡　今に蘇る斎王の宮殿　泉　雄二
⑩白河郡衙遺跡群　古代東国行政の一大中心地　鈴木　功
⑪山陽道駅家跡　西日本を支えた古代の道と駅　岸本道昭
⑫秋田城跡　最北の古代城柵　伊藤武士
⑬常呂遺跡群　先史オホーツク沿岸の大遺跡群　武田　修
⑭両宮山古墳　二重濠をもつ吉備の首長墓　宇垣匡雅
⑮奥山荘城館遺跡　中世越後の荘園と館群　水澤幸一
⑯妻木晩田遺跡　甦る山陰弥生集落の大景観　高田健一
⑰宮畑遺跡　南東北の縄文大集落　斎藤義弘
⑱王塚・千坊山遺跡群　富山平野の弥生墳丘墓と古墳群　大野英子
⑲根城跡　陸奥の戦国大名南部氏の本拠地　佐々木浩一
⑳日根荘遺跡　和泉に残る中世荘園の景観　鈴木陽一
㉑昼飯大塚古墳　美濃最大の前方後円墳　中井正幸
㉒大知波峠廃寺跡　三河・遠江の古代山林寺院　後藤建一
㉓寺野東遺跡　環状盛土をもつ関東の縄文集落　江原・初山
㉔長者ケ原遺跡　縄文時代北陸の玉作集落　木島・寺崎・山岸
㉕侍塚古墳と那須国造碑　下野の前方後方墳と古代石碑　眞保昌弘
㉖名護屋城跡　文禄・慶長の役の軍事拠点　高瀬哲郎
㉗五稜郭　幕末対外政策の北の拠点　田原良信
㉘長崎出島　甦るオランダ商館　山口美由紀
㉙飛山城跡　下野の古代烽家と中世城館　今平利幸
㉚多賀城跡　古代国家の東北支配の要衝　高倉敏明
㉛志波城・徳丹城跡　古代陸奥国北端の二城柵　西野　修

【続刊】

㉜原の辻遺跡　壱岐に甦る弥生大環濠集落　宮﨑貴夫